Marcelo
Ferraz

Ao lado de Lina

wmf **martinsfontes**

Uma nota só **14**

Minha
experiência
com
Lina Bo Bardi
17

A poesia
vital
de Lina
23

Casa
de
Vidro
29

**Dez
anos
sem Lina**
35

Polytheama:
breve história
do projeto de
recuperação
63

**Vinte
anos
com Lina**
69

Encontros
com
Oscar
Niemeyer
73

Arquitetura
escrita
77

Arquitetura
expositiva
de Lina
103

Lina
encontra
Oscar
107

Masp:
coreografia
expositiva
109

Desenho,
projeto,
arquitetura...
111

Casa
do
Benin
139

Lina
e o
tempo
149

Aldo
encontra
Lina
157

**Ao lado
de Lina,
trinta anos
depois**
169

Uma ideia de museu
39

Lina e a Tropicália
43

Numa velha fábrica de tambores…
49

Os espaços de Lina
55

Arquitetura de guerrilha
83

Pequeno relato sobre duas cadeirinhas
91

Lelé: arquitetura, indústria e poesia
95

Lina e o design
99

Minha experiência com Lina II
117

Tecnologias vernáculas: o popular e o moderno no Sesc Pompeia
121

Trinta anos do Instituto Bardi
129

Casa Valéria Cirell
135

Rio *revisited*
175

Entrevista inédita de Lina Bo Bardi
por Fábio Altman
185

"Era um rabisco e pulsava"
por Fábio Altman
212

De conversa em conversa
entrevista com Marcelo Ferraz, por Marta Bogéa e Augusto Massi
215

Fonte dos textos **284**

Crédito das imagens **288**

Legenda das imagens **290**

Índice onomástico **292**

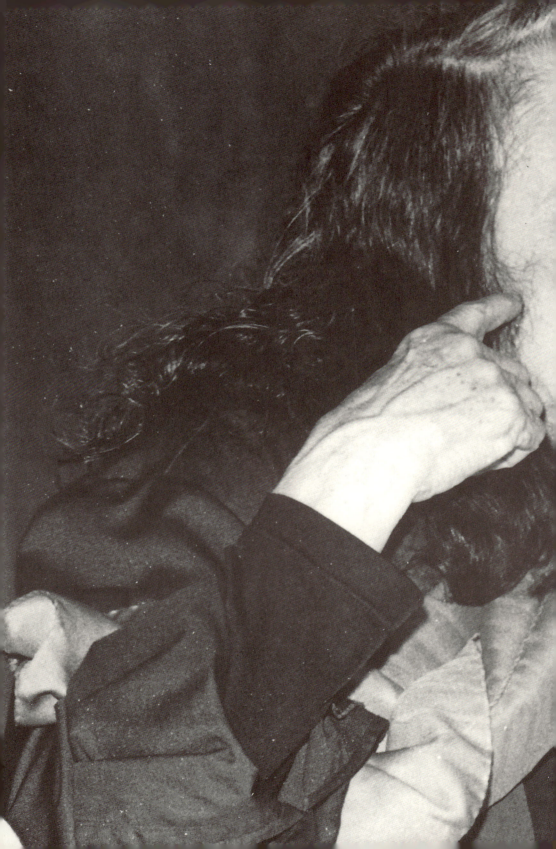

Para
André Vainer,
Chico Fanucci
e Marcelo Suzuki,
companheiros
de trabalho e de vida.

Uma nota só

Este livro nasceu como reação ao destaque que, há alguns anos, se tem dado a Lina Bo Bardi, seja na universidade ou na imprensa, seja como pesquisa séria ou produto de consumo ligeiro. Instigado por Alexandre Martins Fontes, revisitei artigos que escrevi sobre ela ao longo de três décadas. Passados tantos anos, considerei a hipótese de reuni-los em um livro. Pela minha condição de fonte primária, pensei que esses escritos poderiam contribuir para o debate atual, mas não me agradava a ideia de publicar simplesmente uma coletânea. Queria a presença do presente no livro. E aí é que entraram dois personagens fundamentais com quem divido o resultado deste trabalho, Marta Bogéa e Augusto Massi.

Marta, grande amiga e interlocutora de primeira no debate sobre a produção do nosso escritório Brasil Arquitetura, aceitou o convite para reler tudo, criticar e pautar uma conversa capaz de atualizar temas e projetos dispersos em trinta anos. Augusto, amigo novo, já havia manifestado em um encontro fortuito seu interesse na minha relação com Lina, em minha militância em torno do seu legado. Convidado para ser o editor, aceitou imediatamente e mergulhou de cabeça nos meus escritos, com olhos de águia e também de cirurgião. Ao selecionar e organizar os artigos, descobriu meus diferentes olhares e posturas críticas ao longo de três décadas – sem Lina, com Lina, ao lado de Lina – que compõem as vigas mestras do livro. E, por fim, participou da última das três sessões de conversa com Marta, transcritas no fim deste volume. A essa dupla, agradeço enormemente a generosidade com o ser ansioso que sou, uma generosidade que só a amizade pode explicar.

Agradeço a Fábio Altman, que cedeu uma entrevista que fez com Lina para a revista *Veja*, em 1988, e que nunca foi publicada. Obrigado pela apresentação contextualizando o momento tenso e as circunstâncias de então e por autorizar a publicação do fac-símile com as anotações um tanto bravas – hoje divertidas – de Lina.

Também sou grato a Gustavo Piqueira, que, com paciência, desenhou o livro com o sabor e o saber de "língua geral" que sempre busquei, mesclando em alto estilo textos e fotografias.

Finalmente, quero destacar a presença e o apoio que desfrutei, ao longo da preparação deste livro, de meus leitores preferidos: meus filhos, João e Marcos, e minha mulher, Isa. Três críticos que não deixam pedra sobre pedra. Na verdade, meus protetores. Isa repassou comigo cada texto, cada foto e, em outros momentos, soube me tirar da zona da preguiça e acalmar minha ansiedade. Amiga e namorada há cinquenta anos, continua a ser minha melhor parceira.

Marcelo Ferraz

Minha
experiência
com
Lina Bo Bardi
1992

EM AGOSTO DE 1977, eu cursava o quarto ano da Faculdade de Arquitetura e Urbanismo da Universidade de São Paulo (FAU-USP). Tinha acabado de fazer um estágio chatíssimo na Companhia do Metrô e não sentia nenhuma vontade de trabalhar. Foi aí que o arquiteto Joaquim Guedes, então meu professor, indicou-me para estagiar com Lina Bo Bardi que, na época, não tinha escritório e começava um grande trabalho: a restauração e recuperação de uma antiga fábrica no bairro da Pompeia para ser transformada em centro de lazer do Serviço Social do Comércio (Sesc). Lina sempre preferiu trabalhar com estudantes.

Vacilei bastante antes de aceitar tal proposta, por vários motivos: no ano anterior, havia escolhido a obra de Lina Bo Bardi como tema de um trabalho no Departamento de História da FAU e fui desestimulado e convencido pelo professor, emérito arquiteto de São Paulo, a mudar minha escolha, pelos seguintes argumentos: "Lina Bo Bardi? Mas ela fez três ou quatro projetos e nenhum deles merece tanta atenção". "E o Masp?", perguntei. "Bem, o Masp é importante, mas é um projeto cheio de problemas mal resolvidos". Ainda tentei, apesar de quase nada saber sobre sua obra, pois na FAU, nos meus anos, nunca se falou dela:

"Dizem que andou pela Bahia e lá deixou marcas importantes". E novamente o professor: "É o Solar do Unhão", e torceu a cara finalizando com "Lina é uma arquiteta bissexta". Escolhi outro arquiteto para estudar em meu trabalho.

O segundo motivo: quando contei a alguns colegas sobre a possibilidade de um estágio com Lina, logo me disseram: "Ela é fascista!". Nada me restava. Mas não pude acreditar que uma fascista, com poucas obras e de menor importância, pudesse fazer um museu como o Museu de Arte de São Paulo, o Masp, símbolo e marco para São Paulo, que a cegueira dominante nas nossas bandas universitárias não via, ou não queria ver.

Fui para a Pompeia e, em seguida, chamei André Vainer a pedido de Lina, que queria mais um estudante. Juntos, cursamos essa nova escola de arquitetura e vida. Com o escritório no canteiro de obras, o projeto era verificado a cada passo na sua realidade, e ali era feito com a mais ampla participação: engenheiros, mestres, operários...

Lembro-me do dia que aparecemos com o livro *O canteiro e o desenho*, do arquiteto Sérgio Ferro. Tínhamos, meu grupo e eu, uma enorme esperança na arquitetura que o trio Flávio Império, Rodrigo Lefèvre e Sérgio Ferro tinha iniciado e logo interrompido com o AI-5, porque, para nós, rompia um pouco a camisa de força da herança "paulista" que dominava a FAU. Mostramos o livro a Lina e recebemos o seguinte comentário: "Qual é a novidade? O que estamos fazendo dentro de uma obra?". Lina sempre atuou no canteiro de obras, com um envolvimento enorme.

Para nós, estagiários, tudo era novidade. Lina nos cobrava pela falta de cotas nos desenhos e por outros absurdos. O trabalho era fascinante, pois praticávamos arquitetura no sentido mais amplo: restauração, edifícios esportivos novos, teatro, restaurante, oficinas, todo o mobiliário, sinalização, trajes dos funcionários e, por fim, a montagem de grandes exposições que marcaram época, como a do *Design no Brasil: História e realidade, Caipiras, capiaus: Pau a pique* ou a dos *Mil brinquedos para a criança brasileira*.

O Sesc Fábrica da Pompeia, como muito bem diz Lina, foi uma pequena experiência socialista e, nos primeiros anos de funcionamento sob sua supervisão (da qual participávamos intensamente como colaboradores), foi a grande novidade no cenário de São Paulo. O Brasil todo que passava por São Paulo não deixava de visitá-lo: exposições, bailes, festas, shows (quem não se lembra do programa televisivo *Fábrica do Som*?), comidas e bebidas na Choperia, ou até mesmo para não fazer nada, pois lá isso sempre foi permitido.

Lina faz a arquitetura do comportamento humano quando projeta o espaço e nele interfere criando contextos e provocando a vida. Talvez a sua experiência no campo do teatro, com Eros Martim Gonçalves, Zé Celso e muitos outros, tenha sido fundamental. O convívio humano é o grande gerador de tudo, por isso, nada de fotografias de sua arquitetura sem os personagens – que seriam vazias, esteticamente perfeitas, equilibradas, mas... sem gente.

Ainda no período do Sesc (1977 a 1986), André e eu participamos com Lina da obra da igreja do Espírito Santo do Cerrado, em Uberlândia (MG), com os padres franciscanos. Foram viagens inesquecíveis nas quais, com espírito desbravador, experimentávamos de tudo e aprendíamos com Lina a beleza da flora do cerrado. Foi novamente no canteiro que resolvemos a execução da obra. Com croquis em cores, pequenas anotações, discussões com o mestre ou o telhadista, tínhamos, por fim, uma obra pronta e funcionando, sem o maldito pacote do projeto executivo detalhado. Aliás, vale lembrar uma frase de Lina: "o detalhamento pode ser a morte, o fim da liberdade de um projeto". Hoje, temos guardados os calhamaços de pequenos desenhos dessa obra, com anotações à caneta Bic que contam sua história.

Bem, do Sesc Fábrica da Pompeia pulamos para a Bahia, desta vez Marcelo Suzuki e eu, no segundo período de trabalhos de Lina naquela cidade. O primeiro tinha sido entre 1959 e 1964, quando ali fundou e dirigiu o Museu de Arte Moderna da Bahia (MAM Bahia), restaurou o Solar do Unhão e nele montou o Museu de Arte Popular. Ao lado de Martim Gonçalves, Glauber Rocha e um grupo de grandes cabeças ligado à Universidade Federal da Bahia (UFBA), sob o comando do reitor Edgard Santos, marcou toda uma geração e mudou definitivamente o olhar que se tinha sobre a Bahia até então. Mas, como diz Lina, essa é outra história que, espero, um dia ela nos contará em um livro.

Estávamos em 1986 e, de certa forma, banidos da Pompeia. Lina, com seu temperamento questionador e agressivo, acabava sendo incômoda e foi convidada a encerrar sua atuação, que já durava nove anos, no canteiro e na programação.

Fomos para a Bahia a convite do então prefeito Mário Kertész, que tinha como braço direito o secretário de Projetos Especiais, Roberto Pinho, articulador da ida de Lina e de João da Gama Filgueiras Lima, o Lelé, para montar a Fábrica de Equipamentos Comunitários (Faec). Juntos, Lina e Lelé deixaram marcas indeléveis de intervenção crítica no contexto urbano, quer na preservação do patrimônio histórico, quer na modernização da cidade.

Foram quatro anos de fertilidade e entusiasmo. Nadávamos contra a maré do país, acreditando estar criando algo não só para o agora, mas para a virada do milênio. Com a mudança na administração municipal, fomos novamente deixados de lado. É importante dizer que tínhamos Gilberto Gil e, posteriormente, Waly Salomão na condução da Fundação Gregório de Mattos, que atuava como Secretaria Municipal de Cultura.

Algumas obras, e não são poucas, lá estão – como o Belvedere da Sé, a Casa do Benin, com seu belo museu e seu restaurante de cozinha africana, a sede da Fundação Gregório de Mattos, com sua genial escada, e aí, mais uma vez, depois da famosa e formosa escada do Solar do Unhão, Lina surpreendeu com sua arquitetura, tal qual os grandes poetas. Isso me faz lembrar uma das inúmeras conversas dela com os estudantes que sempre a procuram: "A poesia nada tem a ver com a beleza. Eu não procuro a beleza, e sim a poesia".

Fizemos também a sede do grupo Olodum e, finalmente, o projeto-piloto da ladeira da Misericórdia, que lá está, pronto, e que até agora, não sei se por incompetência ou medo, não foi inaugurado. Essa é uma experiência que poderia resultar, no mínimo, em novas lições sobre o que fazer ou não fazer nas intervenções em centros históricos populosos e em estado de destruição e abandono tão avançado.

Nesses quatro anos, muitos projetos ficaram na gaveta, como a casa da Fundação Pierre Verger, no Pelourinho, o projeto para a remodelação das três principais praças do centro de Salvador (Sé, Terreiro de Jesus e Cruzeiro de São Francisco), a recuperação da igreja da Barroquinha, e um projeto bastante interessante para a Casa da Bahia (do Brasil) no Benin.

Lina tem a incrível capacidade de ser moderna em seus projetos, sem negar ou negligenciar os fortes elementos regionais ou as tradições – mais, ou menos, antigas. Ao mesmo tempo, não se prende a tradicionalismos nem regionalismos (duas palavras malditas), tampouco está preocupada em ser moderna. Nunca usou camisas de força. Tem a liberdade da poesia. É extremamente rigorosa em seus princípios, mas é capaz de mudar um projeto ao primeiro sinal de que algo vai mal ou não está bem resolvido. Projeta refletindo e questionando todo o tempo, como que num vai e vem, para que, quando concluído, o projeto tenha sido, ao máximo, experimentado.

Com as flores murchando na Bahia, voltamos para São Paulo, onde, convidada pela prefeita Luiza Erundina para projetar a nova sede da administração municipal, Lina mergulha fundo, com vontade, no desafio de criar e conquistar mais um espaço digno, generoso e alegre para toda a população. Penso que, se as condições forem favoráveis, essa obra será mais do que a sede da administração de uma das maiores cidades do planeta; será um grande centro de convívio para toda a população, resgatando o sonho do municipalismo pleno, pois o chefe do governo municipal, em vez de estar num canto qualquer da cidade, estará fisicamente no centro dos acontecimentos, numa casa pública, como nos melhores momentos da história humana.

Em Lina e sua obra podemos ver com a maior clareza que a condição de ser livre diante do mundo é a base de toda criação.

A poesia
vital
de Lina
1996

ROMANA, nascida em 5 de dezembro de 1914, Lina Bo Bardi teve toda a sua formação no que podemos chamar de "era do fascismo". Na infância, como *balilla* de Benito Mussolini, participando da organização juvenil estabelecida como "corpo moral" durante o período fascista italiano. Na juventude universitária e como arquiteta recém-formada – durante a guerra –, como membra da resistência comunista. A guerra foi a marca que carregou durante toda a vida e da qual tirou, continuamente, forças para derrubar barreiras e reconhecer que a vida está sempre por um fio – portanto, só se deve pensar e fazer aquilo que é imprescindível e vital. Foi daí que Lina extraiu ao mesmo tempo seu profundo senso objetivo e poético.

Em 1946, casa-se com o marchand, crítico de arte, jornalista e polemista Pietro Maria Bardi e embarca para o Brasil numa viagem de passeio. Lina já conhecera, na escola de arquitetura, os projetos modernos dos arquitetos brasileiros Lucio Costa, Oscar Niemeyer e seu grupo, sobretudo o do Ministério da Educação e Saúde, com a participação de Le Corbusier, e o do conjunto da Pampulha, de Niemeyer. "Era fascinante e novo, livre. Rompia com a rigidez racionalista", dizia ela.

Quando chega ao Rio de Janeiro, o casal Bardi é convidado por Assis Chateaubriand, magnata das comunicações, a ficar no Brasil para criar um museu de arte, que acabou sendo fundado em São Paulo.

Lina fica fascinada com a arquitetura que florescia com liberdade, com a paisagem tropical, o verde, com um país que não tinha ruínas, nem as da guerra nem as da história. Impregnada de entusiasmo, assim refletia sobre um museu no Brasil: "Um recanto de memória? Um túmulo para múmias ilustres? Um depósito ou um arquivo de obras humanas que, feitas pelos homens para os homens, já são obsoletas e devem ser administradas com um sentido de piedade? Nada disso. Os museus novos devem abrir suas portas, deixar entrar o ar puro, a luz."[1]

Sem abrir mão da formação racionalista (defensora ferrenha do movimento moderno), com sua enorme erudição, Lina mergulha no mundo brasileiro para projetar um museu nos trópicos, para um povo novo, mestiço, "sem o peso e as amarras do passado", costumava dizer.

Arte popular

Em 1958, Lina vai para a Bahia, onde tem o grande divisor de águas em sua vida: ela, que já havia se naturalizado brasileira em 1951, torna-se agora brasileiríssima de alma. Foi pioneira ao mergulhar fundo na produção popular dos objetos do dia a dia. Redescobre o Brasil para os brasileiros, ao resgatar e trazer a público a produção artesanal, ou pré- -artesanal, como fazia questão de diferenciar. Lina via nisso uma condição excepcionalmente favorável ao desenvolvimento de um design autóctone, original, moldado na medida dos brasileiros para atender a suas necessidades.

Em 1964, Lina é obrigada a abandonar a Bahia e os seus sonhos. Responde a um processo militar nos anos duros da ditadura. Mas sua arquitetura, sempre, em todos os momentos, seguiu contemplando a arte popular. É arquitetura de ponta, que lança mão da mais avançada tecnologia construtiva, quando usa o concreto pretendido, vencendo grandes

---

1 Marcelo Ferraz (Org.), *Lina Bo Bardi*. São Paulo: Empresa das Artes; Instituto Lina Bo e P. M. Bardi, 1993, p. 43.

vãos, ou o ferrocimento nas recuperações históricas, e que, ao mesmo tempo, não abre mão da vida cotidiana e do modo de viver de um povo.

Lina sempre se dedicou aos projetos públicos e coletivos. Foi uma opção. Não fez edifícios particulares, bancos etc. Casas, somente para os amigos. Para ela, arquitetura era vida. Vida como relacionamento humano.

Fez arquitetura no sentido lato: do design de objetos, móveis, roupas, às intervenções urbanas, passando pelos museus e pelas cenografias de teatro. Tinha uma visão generalista da arquitetura e a praticava dessa maneira. Para ela, o arquiteto é sempre um mestre de vida, como o fora na Idade Média ou no Renascimento. O arquiteto deve vestir a "pele do lobo": ser cozinheiro para projetar uma boa cozinha, ser aluno e professor para projetar uma boa escola, ser ator e espectador para projetar um bom teatro, e assim por diante.

Ao optar pelos projetos coletivos, Lina também escolheu trabalhar com seus colaboradores no canteiro de obras. Montava seu escritório num barraco e ali desenvolvia seu projeto, paralelamente ao andamento da obra.

Experimentava soluções por meio de pequenas amostras in loco daquilo que seria construído mais adiante, numa convivência rica e fértil com engenheiros, mestres de obras e operários. Assim foi no Masp, no Sesc Fábrica da Pompeia (em São Paulo), na Bahia e na Prefeitura de São Paulo. O detalhamento do projeto era realizado durante e na obra. Pequenos croquis em cores, seguidos dos experimentos, eram feitos para deixar mais claro para os operários.

Lina sempre criticou o uso do desenho técnico, baseado nas projeções de Monge[2], como único instrumento de comunicação entre projeto e obra. "É uma linguagem cifrada", dizia ela, que só serve para engenheiros e arquitetos, e a arquitetura, também na maneira de ser feita, deve romper com as limitações da expressão gráfica e ter uma comunicação prática e ampla. Como a música, a arquitetura deve falar uma língua universal, sem barreiras culturais ou socioeconômicas.

---

2 Gaspard Monge (1746-1818), um dos fundadores da Escola Politécnica Francesa, criador da geometria descritiva e grande teórico da geometria analítica, considerado o pai da geometria diferencial de curvas e superfícies do espaço.

Arquitetura poética

Há uma infinidade de leituras da obra tão rica de Lina. Gostaria de acentuar alguns pontos fundamentais para a sua compreensão.

O primeiro deles é a "ideia forte". Um projeto só pode nascer de um conceito central forte e consistente, capaz de alimentar todo o seu desenvolvimento. Essa "ideia forte" não é necessariamente técnica nem formal. Sendo ambos ao mesmo tempo, ela é antes de tudo "poética".

Por exemplo, no projeto para o Centro Cultural de Belém, em Lisboa, Lina trouxe de muito longe a ideia da torre-farol, o farol que guia os navegantes, resgatando assim as navegações portuguesas, responsáveis pelo mapa-múndi atual.

Na Casa do Benin, na Bahia, a referência étnica e cultural ao país (ou à região africana) que mais negros deu ao Brasil é preponderante. Nesse projeto, Lina traz o oásis africano com coqueiros, a cachoeira do pai Xangô, a construção em barro e palha e a comida e a bebida africanas.

No Sesc Fábrica da Pompeia, em São Paulo, há a presença fabril dos contêineres, dos silos e da chaminé – que agora não solta mais fumaça, só flores. Não é mais a fábrica do trabalho opressivo e árduo, mas a fábrica da poesia, do ócio, da preguiça.

Todas essas "ideias fortes" foram tomadas como alimento espiritual, que vem antes do projeto formal ou físico. Talvez esse seja o verdadeiro fundamento do projeto arquitetônico.

O segundo ponto importante é a superação do formalismo e a introdução ou a aceitação da dissonância na arquitetura. Lina, ao tornar-se profundamente ligada à cultura brasileira, ao tomar a vida como combustível máximo de seu trabalho, combate fortemente os dogmas e conceitos fechados da arquitetura moderna e sobretudo pós-moderna. Mesmo reafirmando sua crença no movimento moderno, ela se filia mais aos sonhos dos arquitetos expressionistas do começo do século XX do que a Le Corbusier; ao Mies van der Rohe europeu, do café Velvet and Silk, do que ao Mies van der Rohe norte-americano, das torres de vidro. É filha da organicidade de Antoni Gaudí e de Frank Lloyd Wright.

Em seus projetos, Lina abandona a ideia da composição de fachada ou do belo clássico, abandona a preocupação formal. Ela não procurava a beleza, e, sim, a poesia, e assim como na poesia admitia em sua arquitetura as contradições, os acidentes de percurso durante a obra, as contingências. Assim como na música, com sua estrutura – som/ silêncio/ som – tão próxima da configuração do espaço arquitetônico – cheio/ vazio/ cheio –, a construção deve incorporar as dissonâncias.

O Masp é um exemplo disso: dois polos, um sob a terra e outro que flutua. No meio, a tensão do vazio. Acima do chão, a caixa pesada que levita, desafiando a gravidade, e sob a terra, em vez da escuridão, a luz do céu surpreende. Sua arquitetura valoriza os percursos, os caminhos possíveis, o desvendar das surpresas, das contradições que fazem parte do dia a dia das pessoas. Um museu sem paredes, dissonante.

O terceiro ponto é a ideia de convivência do rigor com a liberdade, tão bem definido no seu conceito de presente histórico. Rigor no trato da arquitetura como ciência e compromisso social. Rigor técnico e objetividade, sem falsificações ou supérfluos injustificáveis do ponto de vista da história. Ao mesmo tempo, rigor que não toma a história como camisa de força. Toma da história aquilo que serve e vive. O resto, joga fora ou deixa de lado: é livre.

Ela escreve:

> É preciso se libertar das "amarras", não jogar fora simplesmente o passado e toda a sua história; o que é preciso é considerar o passado como presente histórico. O passado, visto como presente histórico, é ainda vivo, é um presente que ajuda a evitar as várias arapucas. Diante do presente histórico, nossa tarefa é forjar um outro presente, "verdadeiro", e para isso é necessário não um conhecimento profundo de especialista, mas uma capacidade de entender historicamente o passado, saber distinguir o que irá servir para novas situações de hoje[3].

Um quarto ponto a destacar é a ligação entre arquitetura e teatro. Lina projetou teatros durante toda a sua vida. Idealizou vários deles, bem como cenografias, e participou da concepção e direção de várias peças. Citava Walter Gropius, ao dizer que, para um arquiteto, a observação do teatro é fundamental. Se a arquitetura é a concretização do

---

3 "Uma aula de arquitetura", *Revista Projeto*, n. 133, São Paulo, 1990.

espaço onde se desenvolve o comportamento humano, esse espaço é também definidor deste ou daquele comportamento, tal como podemos ver, de forma clara, no teatro. Situações-limite levadas às últimas consequências pelo teatro ajudam o bom observador-arquiteto a projetar os espaços em que a vida se dará.

O último ponto é o olhar antropológico. Vale arriscar dizer que a antropologia foi a matéria fundamental no fazer arquitetônico de Lina. Uma antropologia intuitiva. Em quinze anos de convívio diário com o trabalho dela, pude ouvir histórias e observações suas sobre os mais variados temas que, seguidamente, acabavam por transparecer em seus projetos. Sempre com muito humor e prazer, essas histórias não eram mais do que as perspicazes observações da vida cotidiana.

No projeto para a Cooperativa de Camurupim, por exemplo uma vila, para os trabalhadores dessa cooperativa, que ia se instalar numa das mais bonitas regiões do Brasil, a foz do rio São Francisco, Lina vai a campo com suas aquarelas e seus lápis para registrar a paisagem na caderneta de anotações, a fim de pesquisar e entender o modo de vida das pessoas por um ponto de vista antropológico e sociológico.

Tudo isso, registrado em desenhos, textos, anotações e pequenas histórias, dá impulso a um de seus projetos mais brilhantes e inusitados. A escola, a praça, as ruas, os lotes circulares, as casas e, por que não, as árvores. Tudo é cheio de vida, nos seus menores detalhes: o armário do quarto de dormir das crianças, o aconchego da vida em comum, as varandas, tudo.

Seu projetar é como o da criança que brinca de fazer cidades, de inventar "mundos".

Casa
de
Vidro
1999

ESCONDIDA NUM PEDAÇO DE MATA ATLÂNTICA, numa das mais altas colinas do Morumbi, em São Paulo, está a famosa Casa de Vidro, residência do não menos famoso casal Lina Bo e Pietro Maria Bardi.

Construída entre 1950 e 1951, quando a cidade ainda dava os primeiros passos na ocupação da outra margem do rio Pinheiros, a casa, juntamente com a mata que a envolve, é tombada como patrimônio histórico estadual (Conselho de Defesa do Patrimônio Histórico, Arqueológico, Artístico e Turístico do Estado de São Paulo – Condephaat) e nacional (Instituto do Patrimônio Histórico e Artístico Nacional – Iphan). É um marco da arquitetura moderna brasileira.

A Casa de Vidro foi o primeiro projeto da arquiteta Lina Bo Bardi integralmente construído. Na Itália, havia trabalhado como ilustradora de jornais e revistas e como editora (dirigiu a revista *Domu*s entre 1942 e 1943), mas nada pôde construir, pois "durante a guerra só se destruía", dizia ela. Desde sua chegada ao Brasil em 1946, Lina só havia projetado móveis e algumas reformas, como a primeira sede do Masp, na rua Sete de Abril.

Todas as lições do movimento moderno, toda a garra de construir e experimentar, reprimidas ou represadas por anos de guerra, estão presentes nesse projeto singular, que foi a "casa do arquiteto" – até a sua morte em 1992, e a do professor Bardi, que faleceu em 1999, com quase cem anos. Estão lá os elegantes pilotis sustentando a caixa de vidro na encosta e a escada metálica, que balança como aquelas que acessam os barcos, levando-nos ao surpreendente interior da casa.

É um projeto sóbrio, racional, podemos até dizer "mieseano" (herdeiro do arquiteto da Bauhaus, Mies van der Rohe), mas já abrasileirado pela natureza que o acolhe, mais orgânico e mais feminino. É feminino pela delicadeza dos detalhes, pelo vidrotil azul-celeste do piso, pelas cortinas a substituir paredes, pela sutil curva da cobertura e pelo cuidado em aconchegar. É uma casa para receber pessoas. "Minha casa é uma *open house*", disse Lina inúmeras vezes.

Durante todos esses anos, a residência do casal Bardi foi ponto de parada obrigatória para todo artista ou intelectual de passagem por São Paulo. Saul Steinberg, Max Bill, Gio Ponti, Alexander Calder, John Cage, Aldo van Eyck, Roberto Rossellini, Glauber Rocha, Charlotte Perriand, Pierre Verger são alguns dos nomes de uma lista que iria a dezenas de páginas, sem falar dos ilustres frequentadores, moradores de São Paulo, que por lá passaram nos memoráveis almoços ou jantares preparados por Lina[4].

Na grande mesa redonda de mármore jaspe, de Minas Gerais, também projetada por ela, eram servidos pratos maravilhosamente desenhados e gostosos. A cozinha brasileira era um de seus pontos fortes: inesquecíveis moquecas, carnes de sol, arroz de hauçá, lombinho com batatas coradas, laranja com coco ralado e as imprescindíveis batidas de pinga com limão. Tudo isso era preparado na maravilhosa cozinha, arrojada para a época da construção: equipada com tampos de aço

---

4 Nos meus quinze anos de convívio com Lina, posso citar muitos frequentadores assíduos (com certeza, já esquecendo outros tantos) dos almoços dominicais, como Rubens Gerchman, Flávio Império, Léo Gilson Ribeiro, Roberto Sambonet, Leone Miroglio, Luiz Hossaka, Edmar de Almeida, Dulce Maia, Alexandre Wollner, Carla Milano, Carlito Maia, Rogério Duarte, Roberto Pinho, Waly Salomão, Renato Requixa, Eduardo Subirats, Roberto Rochlitz, Glaucia Amaral, Violeta Arraes, toda a turma do Teatro Oficina (Zé Celso, Marcelo Drummond, Noilton Nunes), do Sesc Pompeia (Márcia Benevento, Beth Bento, Miguel Paladino, Victor Nosek, Fábio Malavoglia) e do Grupo Ornitorrinco (Cacá Rosset, Chiquinho Brandão).

inox, triturador, incinerador de lixo, lavadoras de louça, inspirava-se na famosa Cozinha de Frankfurt, de Margarete Schütte-Lihotzky, de 1927.

Na casa, em todos os cantos, em todo objeto, respira-se cultura: nos quadros, nos móveis antigos e modernos em harmoniosa convivência, nos livros, nas revistas de arte e arquitetura vindas de toda parte, enfim, no ambiente construído pela história do casal. O espírito da dupla está lá, firme e forte.

Os anos de vida – bem vivida – dessa casa estão testemunhados pelas obras de arte e pelos objetos espalhados por toda parte. As "mixarias", como gostava de frisar Lina, devem conviver com a "alta cultura". Uma garrafa de vidro vagabundo em forma de taça Jules Rimet convive com um anjo barroco; um banquinho caipira faz companhia à chaise longue de Le Corbusier; um carrinho de plástico, brinde de aniversário de criança, pousa aos pés de uma escultura de Ernesto de Fiori, e assim por diante.

Objetos recolhidos ao longo de mais de cinquenta anos povoam esse comovente espaço de requintada arquitetura moderna que, numa relação de respeito e reverência, evidencia a beleza da Mata Atlântica e a necessidade de sua preservação. Inúmeros caminhos sinuosos, com muretas, rampas e escadinhas revestidas de pedras miúdas e cacos cerâmicos, serpenteiam os 7 mil metros quadrados da mata-jardim. Em referência explícita à arquitetura de Gaudí, Lina projeta e constrói esses caminhos após visitar Barcelona, no final dos anos 1950.

Essa casa moderna dos anos 1950 continua moderna nos anos 1990 e, seguramente, assim seguirá século XXI adiante. Talvez toda arquitetura devesse ser assim: moderna e contemporânea, no momento em que é construída e também no futuro; útil e bela, plena de vida.

Ninguém sai incólume de uma visita a esse verdadeiro "aquário de vidro" no meio da mata, lugar que guarda um tesouro: a lembrança da passagem do casal Bardi pelo mundo e, para nossa sorte, por São Paulo.

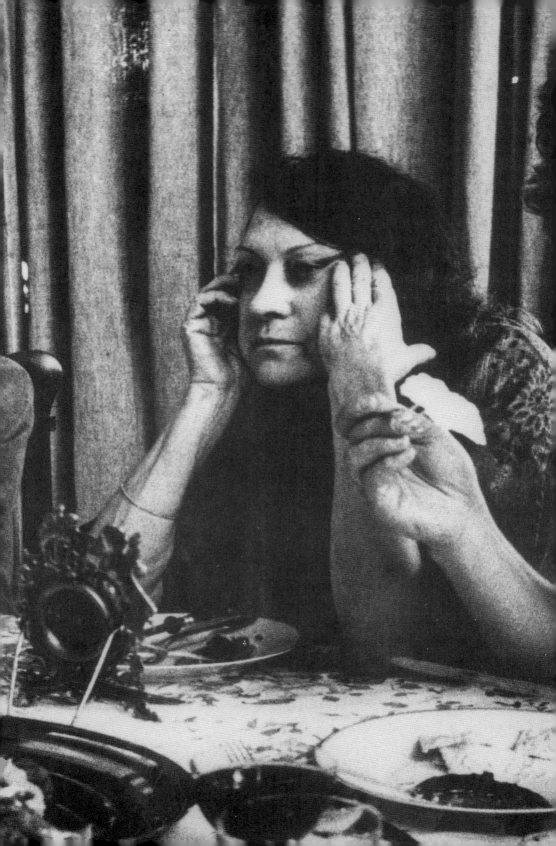

Dez
anos
sem Lina
2002

QUEM ERA ESSE ESTRANHO SER, esse "arquiteto" Lina Bo Bardi, que há dez anos nos deixou e que gostava de cumprimentar com um "Oi, bicho!" e, sem esconder a doçura, dizer "Sou barra-pesada!"?

Lina foi ativista da resistência ao nazifascismo na Itália, durante a Segunda Grande Guerra. Depois, nos anos 1960 e 1970, participou intensamente do movimento da contracultura e da luta contra a ditadura militar no Brasil, tendo que responder a um inquérito sobre suas "atividades subversivas", por dois anos longos e difíceis.

Em outras frentes, lutou para salvar a honra e a liberdade de um povo que "deveria dar certo". Fundiu a cultura popular brasileira com a vanguarda europeia do teatro, da música, das artes plásticas e da arquitetura – tudo levando para o cerne de seu fazer, de sua ação muito mais que arquitetônica. Ao criar seus espaços generosos, utilizou as ferramentas da grande arquitetura, aquela que contempla não somente os cinco sentidos, mas a alma, o espírito, a plenitude da vida.

Nos últimos anos, muito se publicou e se expôs sobre Lina. Mas diante da riqueza de seu pensamento, de sua obra escrita, projetada ou construída, de sua ação de militante política e cultural, ainda é pouco. Pouco se discutiu com a profundidade necessária.

Inúmeras são as pistas deixadas por ela no difícil e obscuro caminho da arquitetura contemporânea. Muitas delas complexas e nada óbvias, porém intrigantes, contestadoras, desafiadoras e plenas de esperança no "bicho-homem". Assim provam o Masp, o Sesc Pompeia, as "pobres" igrejinhas de Uberlândia e Ibiúna e outros projetos (não muitos) que habitam a Bahia: à frente, o Solar do Unhão e sua magistral escada.

Lina desapareceu há dez anos, levando consigo seu gênio indomável de ácida e apaixonada crítica social e de arquiteta intransigente que não abria mão de seus princípios éticos humanistas. Pertencendo à Terceira Geração da arquitetura moderna, assim como o mexicano Luis Barragán, o holandês Aldo van Eyck, o norueguês Sverre Fehn, o indiano Charles Correa e tantos outros, Lina teve, como eles, o importante papel de reintroduzir certos valores e princípios que são fundamentais em qualquer atividade criativa – e básicos na arquitetura. Eram os valores da cultura local, das tradições, da história, das peculiaridades e particularidades inerentes a cada cultura, cada geografia – física e humana –, a cada povo e cada rincão do planeta.

Ela resgatou algo que havia sido deixado de lado pelos pioneiros da arquitetura moderna do início do século XX, quando, para se impor uma nova ordem, foi necessário combater o passado como algo nefasto, limitador e estagnante. Esse esforço enorme, e compreensível, foi necessário para implantar uma nova ordem arquitetônica afinada às novas regras da produção industrial. Foi, sem dúvida, fundamental num primeiro momento. Mas sua continuidade, via *international style* – ainda muito viva em nossos shopping centers e afins –, nos levou a uma realidade "espiritual" pobre, na mais tacanha globalização: a que suprime diferenças. Uma vez sedimentadas tais conquistas pelas estradas do mundo moderno e industrializado, essa muralha, que parecia esconder a história e os valores da humanidade, poderia cair.

Lina, já nos anos 1950, nos alertava, fazendo-nos olhar para o pobre e rico Nordeste em sua criatividade e habilidade populares; para o alegre e triste mundo caipira da Paulistânia; para a força das diversas culturas trazidas pelos migrantes e imigrantes à metrópole de São Paulo; para os valores autóctones e também para os valores originais da cultura brasileira: "Na arquitetura de Lina Bo Bardi podemos ver o florescimento de uma cultura artística brasileira e seus múltiplos vínculos com a história e o moderno, com o popular e o internacional ao mesmo tempo"[5], escreveu o filósofo Eduardo Subirats.

A italiana de nascimento ajudou os brasileiros (nem todos) a descobrir o próprio país sem o ranço do passado colonial escravocrata. Basta lembrar as antológicas exposições *A mão do povo brasileiro* (1969) ou *África Negra* (1988), ambas no Masp. O mesmo museu que, com complexo de inferioridade, baniu os geniais cavaletes de vidro por ela criados para sustentar a coleção de pinturas, levando com eles parte de seu caráter, de sua força fundadora.

Lina Bo Bardi é, sem dúvida, expoente do pensamento arquitetônico brasileiro, apesar de nunca ter se aliado a nenhuma corrente. Também não fez escola, no sentido formal de projetar, mas espalhou sementes de pensamento. Continuará, com o legado de sua obra e ação, alimentando a produção da arquitetura, ajudando a pensar e a propor uma nova vida para nossas sofridas cidades.

Somente após sua morte, em 1992, pudemos divulgar sua obra com um belo livro panorâmico, um documentário em videoteipe (VT) e uma riquíssima exposição, levada a mais de quarenta cidades espalhadas pelo planeta (já mais do que na hora de ser reexibida para uma nova geração de arquitetos e estudantes sedentos por conhecê-la).

Em Paris, na abertura da exposição, na Maison de l'Architecture (1995), o presidente da Ordem dos Arquitetos da França, Rémi Lopez, abriu assim o seu discurso, entre surpreso e perplexo: "É preciso rever a história recente da arquitetura moderna depois desta mostra que traz ao público o trabalho de Lina Bo Bardi".

Certa vez, questionada sobre "O que era a arquitetura ou qual o seu papel no mundo atual", Lina respondeu: "No fundo, vejo a arquitetura como Serviço Coletivo, como Poesia. Alguma coisa que nada tem a ver com 'Arte', uma espécie de aliança entre '*Dovere*' [Dever] e 'Prática Científica'. [...] É um caminho meio duro, mas é o caminho da arquitetura". Lina se referia às possibilidades de atuar na realidade mediante

---

5 *Revista do Masp*, ano 2, n. 2, São Paulo, 1993.

a arquitetura, a criação de "espaços recipientes da existência"[6], como bem definiu Steven Holl, por sua capacidade de alterar comportamentos, dignificar, confortar: de ser útil.

Sempre que pôde, combateu a procura formal, o exercício da composição, o "belo" clássico. Achava que, depois dos avanços da ciência, depois da teoria da relatividade questionando o tempo, dos avanços na música e nas artes das vanguardas internacionais do início do século XX, a arquitetura deveria ser livre para servir ao ser humano em sua plenitude, sem se subordinar a modismos, tendências regionais ou internacionais, sem jamais abrir mão da nobre missão de ser a protagonista do habitat humano por excelência: as cidades.

Numa rápida olhadela à nossa volta, podemos constatar quanta falta faz Lina. Hoje, no panteão dos grandes mestres, onde não sei se ela gostaria de estar, dado o seu lado *gauche*, ressoa sua atualíssima frase radical: "Nunca procurei a beleza, mas sim a poesia".

Que seu eco nunca morra.

---

6 Documentário *Lina Bo Bardi* (1993). Dir. de Aurélio Michiles; rot. e ed. de Isa Grinspum Ferraz.

Uma
ideia
de
museu
2004

O EDIFÍCIO DO MASP É UM MARCO da arquitetura moderna brasileira e, como tal, deve ser pensado. Mas creio que, hoje, discutir sua relação com a cidade, com o espaço em que está inserido e seu significado simbólico para a população paulista – e, por que não, brasileira – é mais importante do que fechá-lo no discurso arquitetônico, muitas vezes hermético e inócuo.

No Brasil, a maior parte de nossas cidades ainda carece de um mínimo básico de conforto urbano, no amplo significado do termo. São cidades "ofendidas" e maltratadas. Não temos transporte público adequado, habitação, áreas públicas, parques, áreas verdes, praças, espaços de encontro; enfim, não temos planos urbanos, nem de longo, nem de médio prazo.

É no contexto dessas carências que devemos analisar o significado de certos projetos pontuais: sua capacidade transformadora no ambiente urbano e sua capacidade de mudar mentalidades. A importância do Masp fica muito mais evidente se o consideramos sob a perspectiva da cidade caótica que é São Paulo. Não somente o edifício, mas o programa do museu como um todo.

Arquitetura, para Lina Bo Bardi, era o meio concreto de agir sobre a realidade, de revelar, criar ou modificar contextos. A arquitetura do Masp é, para além de um edifício, uma ideia de museu.

Com uma importantíssima coleção de arte, implantado num dos pontos mais importantes da cidade, ele representa um oásis em meio ao deserto arquitetônico que o circunda, salvo quatro ou cinco edifícios em toda a avenida Paulista. Oásis também por acentuar o vazio, o espaço livre e democrático do belvedere, acessível a todo cidadão, rico ou pobre, suprindo assim uma de nossas maiores carências: a falta de espaços públicos. Oásis pela baixa taxa de ocupação e pela implantação adequada à topografia, ao contrário de todos os outros edifícios da rica avenida: os grandes bancos e empresas, enormes edifícios agarrados ao solo, cercados de grades, sem um metro quadrado de espaço público.

As cidades são representadas, não somente, mas sobretudo, por seus edifícios. O museu foi eleito pelos cidadãos de São Paulo como um de seus símbolos máximos: a imagem que escolhemos para nos representar. Isso não é pouco. A arquitetura que fica para contar ou testemunhar a história da humanidade é aquela que mantém algo de sagrado, no sentido de respeitável, de depositário de crenças, de devoção, ou mesmo como representante do imaginário de um povo – expressão de uma gente, de uma época. O Masp é isso.

Nessa cidade dura e opressiva, a população elegeu uma imagem que é, em grande parte, o seu avesso, a qual expressa a esperança em uma cidade mais humana. Esse corpo estranho na gigantesca metrópole é o ponto de referência para os encontros mundanos e cívicos, para namoros e protestos políticos – por exemplo, na recente derrubada de um presidente da República (Fernando Collor de Mello). A arquitetura revolucionária de Lina Bo Bardi não foi somente aceita, mas adotada pela população de São Paulo. E com muito carinho.

Dito isso, podemos circundar e adentrar o edifício: situado em um terreno com quatro frentes, ele não tem fachada principal. Quem o vê pela avenida Paulista não pode imaginar que se duplica no subsolo, criando a surpreendente fachada oposta, de uma construção em terraços e jardineiras, ancorada na encosta, com a vista para o vale da avenida Nove de Julho. É a quebra da dureza do objeto suspenso – o corpo superior, tenso, que desafia a gravidade. Entre esses dois corpos, o grande vazio que parece sustentar acima a grande caixa e comprimir para o subsolo o corpo inferior do museu.

Do ponto de vista da química, isso seria algo como uma enorme diferença de pressão: com o gasoso sendo capaz de isolar dois sólidos. Como se trata de pura arquitetura, na qual técnica e poesia se aliam, o que está ali é o desafio, a ousadia humana. A conquista do "nada", como dizia Lina, ou o desejo de liberdade. Nesse sentido, ela sempre se referia ao comentário do compositor norte-americano John Cage quando viu pela primeira vez o Masp: "É a arquitetura da Liberdade!".

Essa busca de liberdade, ou o desafio de sua procura, continua em cada espaço, cada gesto do projeto do museu. Descendo ao subsolo, como em uma estação de metrô, em vez da escuridão, da falta de ar, encontramos a luz, cristalina, filtrada pelo verde das floreiras, e a vista livre sobre o vale. Isso se deve à inteligente e bem acertada implanta-ção do edifício na paisagem. Saber tirar partido do contexto, seja ele físico ou abstrato, sempre foi uma das qualidades de Lina Bo Bardi, que gostava de citar o arquiteto Frank Lloyd Wright: "Em todo projeto, as dificuldades são nossos maiores amigos", e completava: "trazem as dicas para as boas soluções".

Ainda no subsolo do edifício, os auditórios são inovadores em ter-mos de aproveitamento e desenho do espaço. Tanto o auditório menor, em que há assentos inclinados na diagonal de um espaço quadrado; quanto o maior, cujos palcos laterais, despojados e versáteis, permitem os múltiplos usos tão necessários aos espaços cênicos contemporâneos.

Os espaços do museu são amplos, abertos, de simplicidade refi-nada, e podem receber todo tipo de intervenção nas exposições, guar-dando sempre o vento arejado da boca de uma grande caverna.

Se subirmos do nível da avenida Paulista, do enorme vão livre, para a caixa suspensa, deparamos com a imensidão de um grande "oceano de pinturas". Os quadros se libertam das paredes e flutuam em cavaletes de concreto e vidro utilizados como suporte expositor: lem-brança do cavalete do ateliê do artista, que mostra o verso, as costas da tela, muitas vezes com preciosas anotações. O nome dos quadros e dos autores também fica nas costas, para que o público não se sinta obri-gado a gostar desta ou daquela obra apenas pelo reconhecimento do autor. "Oh! É um Picasso! Lindo!" Não, o espectador é livre para gostar ou não, e para criar as relações que quiser nesse verdadeiro "varal" de pinturas de várias épocas.

Em visita ao Masp, o arquiteto holandês Aldo van Eyck perguntou: "Quem sabe qual é o melhor fundo para um Cézanne? Branco, cinza, rosa? Eu poderia achar que é um El Greco, ou um Goya". Um museu sem paredes. Lina citava Vladímir Maiakóvski: "Chegou a hora de jogar as pedras, os projéteis e as bombas nas paredes dos museus".

Uma grande família de artistas que não são separados nem no tempo – na classificação ocidental da arte – nem no espaço, essa família convive bem. E, se pudéssemos perguntar, certamente teríamos um Picasso orgulhoso de ter ao seu lado um Goya. Ou um Matisse que divide espaço com um Rafael. Só a América, o Novo Mundo, poderia admitir uma coleção exposta dessa maneira. No Brasil, mistura de Europa Ibérica, África e Oriente – no que herdamos dos indígenas –, podemos ousar novos caminhos que não o eurocêntrico.

Queremos sim todas as conquistas tecnológicas, científicas e culturais do Ocidente, mas as utilizaremos a nosso modo. Assim é o Masp: a técnica de ponta, as conquistas da arquitetura moderna, a importante coleção de arte ocidental, a serviço de uma nova visão de museu. Este, ao ser pensado, concebido e projetado, leva em conta a cultura brasileira no que ela pode ter de mais belo: a vontade de ser livre, o combate à submissão e às regras importadas.

É o museu descolonizado, do Novo Mundo, que luta contra o complexo de inferioridade, nossa pior herança da colonização e da escravatura. Essa é a ideia de museu que nos interessa. Uma ideia forte, portadora de um desejo, de um sonho materializado em forma, a serviço do ser humano e de suas relações.

Lina
e a
Tropicália
2008

POR QUE ASSOCIAR Lina Bo Bardi ao tropicalismo? Ela foi tropicalista? Penso que não e que sim. Comecemos pelo não.

Nascida e criada em Roma, Lina se forma arquiteta pela Escola Politécnica nos duros anos do regime fascista de Benito Mussolini. Recém-formada, deixa a família e segue para Milão – polo de resistência cultural –, em busca de realização profissional, luta política e liberdade. Em pouco tempo inicia sua militância na resistência ao nazifascismo e ingressa na juventude comunista.

Chega ao Brasil em 1946, logo após o fim da Segunda Grande Guerra. Nos anos anteriores, durante a guerra, havia trabalhado em Milão com o arquiteto Gio Ponti em projetos de interiores, exposições e em revistas, como ilustradora e articulista. Só não havia feito arquitetura, porque a Itália do início dos anos 1940 estava marcada mais pela destruição do que pela construção.

O trabalho no escritório de Gio Ponti a introduz num ambiente intelectual e artístico de vanguarda, em meio ao movimento racionalista da arquitetura, ao nascimento do cinema neorrealista, à literatura de resistência, aos artistas surrealistas, aos dadaístas... Além de Ponti,

Lina convive com Carlo Pagano, Giorgio de Chirico, Elio Vittorini, Bruno Zevi, Roberto Rossellini, entre outros.

Torna-se, assim, filha legítima das vanguardas históricas europeias, que tinham em seu ideário a ruptura como palavra de ordem. Ruptura com os valores do passado, com as tradições e com a própria história, numa incansável busca pelo novo. Em várias ocasiões, até sua morte, em 1992, Lina dirá que "a verdadeira vanguarda do início do século XX, aquela russa, francesa... Internacional, ainda não perdeu a metáfora"[7].

Dado esse quadro sucinto de sua formação, voltemos ao Brasil – terra que Lina abraça como sua até o fim da vida para apontar as enormes diferenças de origem e proposições que separavam as vanguardas europeias das brasileiras.

Essa reflexão é necessária porque a vanguarda brasileira do começo do século XX – Oswald de Andrade, Tarsila do Amaral, Mário de Andrade e todo o grupo – foi a grande referência para os tropicalistas dos anos 1960. O Movimento Antropofágico não foi mero desdobramento ou um caso regional do fenômeno definido pelas vanguardas europeias, como quis a crítica conservadora da época. Diferentemente dos europeus que liquidavam a história, os brasileiros a recuperavam e com ela dialogavam para a criação do novo, do futuro.

Com essas questões na ordem do dia, nossos pioneiros modernos de São Paulo e do Rio de Janeiro entram em cena e colocam o país no circuito da cultura mundial. Foi um passo importante para a superação do período colonial na cultura e nas artes brasileiras, incluindo aí a arquitetura. Assim, o movimento moderno brasileiro, apesar de fortemente influenciado pelo movimento europeu e contemporâneo a ele, desenvolve fisionomia própria e bastante distinta daquele. Além do mais, seguiu seu rumo a pleno vapor, sem os traumas da guerra. E é nesse outro modernismo que Lina mergulha quando chega ao Brasil – com toda a erudição de sua formação europeia –, em busca de liberdade de criação e da possibilidade de construção de um mundo novo para um povo novo.

Nesse sentido, a Lina europeia não era tropicalista, nem poderia ser. Mas e a Lina brasileira, aquela que se reinventa ao descobrir o Brasil?

---

7 Documentário *Lina Bo Bardi* (1993). Dir. de Aurélio Michiles; rot. e ed. de Isa Grinspum Ferraz.

Voltamos à pergunta do início: ela foi tropicalista? A resposta agora é: sim, foi uma tropicalista pioneira.

Ao desembarcar aqui em 1946, Lina é recebida pela nata da vanguarda artística e intelectual brasileira, como Lucio Costa, Burle Marx, Oscar Niemeyer, Candido Portinari, Oswald de Andrade, Vinicius de Moraes e tantos outros. No Novo Mundo ela se apaixona pela exuberância da natureza tropical, devido à verdura da paisagem, e pelo povo brasileiro, devido à sua descontração e um certo "quê" de ingenuidade: "Ainda não contaminado pela soberba e pelo dinheiro", como costumava dizer.

Começa então a realizar seus primeiros projetos arquitetônicos, como a Casa de Vidro, e uma rica produção de mobiliário. Em todos esses projetos já se vê, claramente, o impacto do encontro de sua formação erudita com a busca das fortes raízes culturais brasileiras: racionalismo e economia de meios diante da falta de recursos tecnológicos. Uma Bauhaus no trópico, asas à imaginação. Lina estava definitivamente na América do Sul. Não carregava mais nos ombros o peso do Velho Mundo. Não precisava mais lutar contra o passado opressivo de milênios de história. Aqui tudo era novo ou por inventar. Aqui sua luta seria travada em outro front.

No final dos anos 1950, Lina vai para a Bahia e lá descobre um Brasil até então desconhecido para a maioria dos brasileiros. O país da pobreza de meios e bens materiais, por um lado, e o rico de seiva criativa e alegria de viver, por outro. O país da "aristocracia do povo", do "povo novo". Viaja por todo o Nordeste brasileiro.

Em 1951, ela se naturaliza brasileira, abrindo mão da cidadania italiana e adotando como terra natal todas as nossas cidades, "das mais ricas e lindas às mais pobres e insignificantes". Atua como arquiteta, antropóloga, artista, cenógrafa, designer e jornalista. Converte-se numa agitadora cultural por excelência.

Nesse momento, a Bahia passava por uma transformação intensa no campo cultural. Era liderada pela Universidade Federal da Bahia (UFBA), sob a reitoria de Edgard Santos, que tinha em seu quadro de professores intelectuais de grande importância, entre eles alguns europeus que, como Lina, haviam adotado o Brasil para desenvolver seus projetos com a liberdade que a Europa da época não oferecia. Estavam ali o maestro Hans-Joachim Koellreutter, nos Seminários Livres de Música; Yanka Rudzka, na Escola de Dança; Eros Martim Gonçalves, na Escola de Teatro; Pierre Verger, na fotografia e na etnografia; Agostinho da Silva, na literatura e na filosofia, entre outros.

Com apoio do governo do estado, Lina funda e dirige o Museu de Arte Moderna da Bahia (MAM Bahia) e, em seguida, o Museu de Arte Popular, no Solar do Unhão. Lado a lado, a chamada "alta cultura" – com exposições memoráveis de Van Gogh, Renoir, Degas – e a chocante crueza da produção popular brasileira, dos artistas anônimos. Em suas palavras, "a produção de uma massa que inventa, que traz uma contribuição indigesta, seca, dura de digerir [...] onde cada objeto risca o limite do nada da miséria"[8]. Em meio a tudo isso, os artistas locais, os estudantes e o povo.

E é nesse ambiente efervescente, de uma Bahia que tomava a dianteira cultural no Brasil, que se forma a geração de tropicalistas. Todos frequentavam as exposições de Lina. Glauber Rocha foi seu assistente no Museu de Arte e ali escreveu o roteiro do filme *Deus e o Diabo na terra do sol*. Caetano Veloso, Gilberto Gil, Tom Zé, Rogério Duarte, Hélio Eichbauer relembram até hoje o forte impacto que ela teve no cenário baiano. Pela primeira vez, o Brasil pôde ver num museu, com dignidade, a obra do seu povo pobre e oprimido, a revelar suas entranhas e sua enorme capacidade criadora. Ali, eram afrontados os preconceitos e as barreiras culturais num ambiente de elite.

Em 1963, Lina apresenta a exposição inaugural do Museu de Arte Popular, intitulada *Nordeste*. Com ela, dá seu golpe fatal, mostrando que beleza, sofisticação, inteligência, criatividade e domínio técnico não eram atributos exclusivos nem posse da classe dominante ou dos detentores do poder econômico. Era um gesto estético e político. Estaria ali, na escolha e na maneira de expor, no questionamento da existência de alta e baixa cultura, na busca de uma civilização construída sob novos paradigmas, o prenúncio do movimento tropicalista.

Exuberância, choque, revelação e recriação compunham a essência desse movimento, e estavam também presentes em todas as exposições de Lina, em forma e conteúdo. Eram anjos barrocos ao lado de ex-votos; folhas de pitanga no piso, como nos terreiros de candomblé;

---

8 Catálogo da exposição *Nordeste*, Salvador, Museu de Arte Popular do Unhão, 1963.

dourados de seda contracenando com o mais primitivo barro; colchas de retalho do Brejo da Madre de Deus revelando nossas heranças das finas técnicas do reino do Daomé; trajes de orixás quase parangolés. Nada de folclore, nada de *gadgets*, nada de romantismo, nada de bagaço; rigor, simplicidade, dignidade e sofisticação acima de tudo.

Lina foi então uma tropicalista?

Ela foi a mãe de "certo" tropicalismo. A resposta é não e sim, sim e não – e isso não faz a menor diferença. O que importa é que Lina Bo Bardi ajudou a construir o ideário tropicalista, formou uma geração e lutou nesse nobre front contra uma das mais perversas heranças de nosso passado colonial escravocrata: o complexo de inferioridade que, ainda hoje, habita nossa mente.

Numa velha fábrica de tambores...

2008

EM 1982, UMA BOMBA EXPLODIU no ambiente arquitetônico brasileiro, mais especificamente em São Paulo. Essa bomba era o Centro de Lazer Fábrica da Pompeia, hoje conhecido simplesmente como Sesc Pompeia. Por que "bomba"? Porque era *ininquadrável* nas gavetas da arquitetura corrente. Era estranho. Era feio? Fora de escala? Bruto, mas também delicado? Sem dúvida, era algo que não fazia parte do universo possível, alcançável às mãos dos arquitetos atuantes. Foi uma bomba, um choque.

Lina Bo Bardi, depois de amargar um ostracismo de quase dez anos, vítima do regime militar, e das "vistas grossas" da arquitetura oficial, surpreende a todos com esse presente a São Paulo. Paris acabara de inaugurar o Centro Georges Pompidou – Beaubourg, modelo extravagante de arquitetura que causava frisson nos estudantes e jovens arquitetos e que logo se tornaria referência. Simbolizava uma via de escape ao modelo modernista, já um tanto deteriorado. Por consequência, era inevitável a comparação com o novo centro de lazer que nascia no bairro da Pompeia: linguagem industrial, mudanças bruscas de escala, cores, muitas cores, e, principalmente, "estranheza" com a vizinhança.

Mas, apesar de tudo isso, as duas propostas eram muito distantes e dessemelhantes em suas origens, seu ideário e seus resultados.

Convidada por Renato Requixa e Glaucia Amaral, diretores do Sesc à época, Lina mergulhou numa viagem que seria a mais fecunda e prolífica de sua vida, já na idade madura. André Vainer e eu, no início como estudantes e depois como recém-formados, participamos dessa privilegiada aventura. Durante nove anos (1977 a 1986), desenvolvemos com Lina esse projeto, numa atividade diária em meio ao canteiro de obras: acompanhamento dos trabalhos, experimentações *in loco* e grande envolvimento de técnicos, artistas e, sobretudo, operários. Essa postura foi, também, uma verdadeira revolução no *modus operandi* da prática arquitetônica vigente. Tínhamos um escritório dentro da obra; o projeto e o programa eram formulados como um amálgama, juntos e indissociáveis; ou seja, a barreira que separava o virtual do real não existia. Era arquitetura de obra feita, experimentada em todos os detalhes.

Em 1982, foi inaugurada a primeira etapa do conjunto, a readequação da antiga fábrica de tambores dos Irmãos Mauser (e, posteriormente, sede da fábrica de geladeiras Ibesa Gelomatic). Lina, com olhar arguto e culto, descobre que a velha fábrica tem uma estrutura moldada por um dos pioneiros do concreto armado no início do século XX, o engenheiro francês François Hennebique. Talvez a única desse tipo conhecida no Brasil até aquele momento. Essa revelação dá ao conjunto um valor especial. Tem início, então, um processo de desnudamento dos edifícios *à la* Matta-Clark, com a retirada dos rebocos e a aplicação de jatos de areia nas paredes, em busca de sua essência e de sua tectônica.

Mas esse era apenas um aspecto do trabalho, e não o mais importante, seguramente. Quando chegamos ao conjunto para iniciar os trabalhos e instalar nosso escritório, o Sesc já promovia atividades culturais e esportivas naquele espaço. Essa é, aliás, uma prática corrente da organização. Foi assim também nas unidades Belenzinho, Pinheiros e Paulista, onde se começou a usar o espaço de forma improvisada, antes mesmo da reforma ou da construção definitiva do centro. Na Pompeia, encontramos várias equipes de futebol de salão, teatro amador feito com recursos mínimos, o baile da terceira idade, o churrasco aos sábados, o centro de escoteiros mirins, e muitas crianças circulando por todo lado, como revoada de passarinhos. Lina, muito rapidamente, captou o lugar: "O que queremos é exatamente manter e amplificar aquilo que encontramos aqui, nada mais."

O programa

Começa então uma guerra surda sobre o programa a ser implantado. Em vez de centro cultural e desportivo, começamos a utilizar o nome "centro de lazer". O cultural, dizia Lina, "pesa muito e pode levar as pessoas a pensar que devem fazer cultura por decreto. E isso, de cara, pode causar uma inibição ou embotamento traumático". Dizia que a palavra "cultura" deveria ser posta em quarentena, descansar um pouco, para recuperar seu sentido original e profundo. E o termo "desportivo" implicava o esporte como competição, disputa. Um rumo, segundo ela, nocivo na sociedade contemporânea, que já é competitiva em demasia. Tornou-se, então, simplesmente lazer, colaboração.

O novo centro deveria fomentar a convivência entre as pessoas, como fórmula infalível de produção cultural (sem a necessidade do uso do termo). Deveria incentivar o esporte recreativo, com uma piscina em forma de praia para as crianças pequenas ou para os que não sabem nadar, e quadras esportivas com alturas mínimas abaixo das exigidas pelas federações de esporte, portanto inadequadas à competição. A ideia era reforçar e fomentar a recreação, o esporte "leve". Assim, programa e projeto se fundiriam, indissociáveis, amalgamados.

Escala fabril

O bloco esportivo inaugurado em 1986, todo em concreto aparente, foi, na verdade, o choque maior. Foram erguidas duas torres de concreto, uma com "buracos de caverna" em vez de janelas, e outra com janelas quadradas salpicadas "aleatoriamente" pelas fachadas. Ao lado, uma terceira torre cilíndrica de setenta metros de altura, também em concreto aparente e marcada por um "rendado" em seu aspecto exterior – uma "homenagem ao grande arquiteto mexicano Luis Barragán", dizia Lina.

Ligando as duas torres, entre os vestiários e as quadras, oito passarelas de concreto protendido venciam vãos de até 25 metros e criavam uma atmosfera feérica, expressionista, evocando *Metrópolis*, o filme de Fritz Lang. É importante lembrar que sob tais passarelas passa um córrego canalizado – o córrego da Água Preta, que cria uma área *non aedificandi*. As passarelas, portanto, não surgem de uma decisão formal ou arbitrária de projeto. Elas respondem, com inteligência, à realidade do lugar.

Antecedentes

No Sesc Pompeia, Lina retoma, com revisão crítica de quase vinte anos de distanciamento, sua experiência vivida na Bahia (1958 a 1964), no projeto de reabilitação do Solar do Unhão, concebido para funcionar como Museu de Arte Popular, mas duramente afetado pelo golpe militar de 1964. Muitos dos conceitos utilizados – a relação entre programa e projeto – haviam sido experimentados naquela fase baiana.

Foram chaves para o sucesso do projeto a formulação de uma programação abrangente e inclusiva, e as soluções espaciais de acessibilidade (trazer a rua e a vida pública para o interior desse centro), contemplando e criando interesse em diversas faixas etárias e classes sociais, sem discriminação. Essa é uma função da arquitetura, e das mais nobres. A rua aberta e convidativa, os espaços de exposições, o restaurante público com mesas coletivas, o automóvel banido com rigor, as atividades a céu aberto culminando com a "praia do paulistano", em que se transformou o deck de madeira no verão. Tudo fez do Sesc Pompeia uma cidadela de liberdade, um sonho possível de vida cidadã.

O centro de lazer como um verdadeiro oásis em meio à barbárie de desconforto urbano de nossa sofrida São Paulo. Quem não guarda uma boa lembrança do Sesc Pompeia em todos esses anos de densa existência na vida da metrópole? Os shows de música, circo, festas juninas, festivais multiétnicos, exposições memoráveis, ou mesmo o simples ócio em um encontro ao lado da água ou do fogo nos sofás públicos... Parece que tudo de bom passou e continua passando por ali. É claro que a programação e a promoção sociocultural do Sesc, em suas mais de trinta unidades no estado de São Paulo, são os motores fundamentais. Mas eu arriscaria dizer, compartilhando a opinião de um sem-número de pessoas, que, na Pompeia, o sabor é especial. E por quê?

Arqueologia industrial

A reabilitação de uma antiga fábrica, testemunho de trabalho humano duro e do sofrimento de muitos, e sua transformação em centro de lazer, sem o apagamento dessa história pregressa, fazem do Sesc Pompeia um espaço especial. O cuidado da recuperação em deixar todos os vestígios da antiga fábrica evidentes aos olhos dos frequentadores – seja nas paredes, nos pisos, telhados e estruturas, seja na linguagem das novas instalações – fez com que o espaço iniciasse sua nova vida pleno de calor e animação. Com alma e personalidade.

A própria linguagem arquitetônica das novas edificações reforçava o lado fabril e industrial do conjunto. Ela está presente no despojamento da aplicação dos materiais e, principalmente, em sua escala. Sim, os edifícios novos rompem a delicadeza e a escala "bem composta" dos galpões de tijolinhos e telhas de barro, e se apresentam como grandes contêineres ou silos industriais; as passarelas se assemelham a pontes ou esteiras rolantes para transportar grãos ou minérios. E nada busca o mimetismo, um estilo ou arremedo decorativo. Tudo está lá para atender plenamente às suas funções de centro de lazer. Ninguém nota, ninguém racionaliza – nem é necessário –, mas todos sentem por meio dos cinco sentidos a presença da fábrica nas soluções de arquitetura. Todos sentem, impregnado em cada decisão de projeto, o respeito à história do trabalho humano.

Uma velha fábrica em desuso, que não serve mais às funções para as quais foi concebida, renasce com toques contundentes. Por vezes violentos, como as torres de concreto, por outras delicados, como as canaletas de águas pluviais da rua central ou as treliças de madeira das janelas. Lina soube dosar a mão – ora pesada, ora leve –, de acordo com a demanda e o discurso arquitetônico a ser comunicado a todos os que passaram e passam por ali. Afinal, arquitetura é forma eficaz e necessária de comunicação. A falta de comunicação, no sentido amplo do termo, é uma das maiores causas das desgraças de nossas cidades nos dias de hoje. Mas essa é outra história. Voltemos ao nosso centro de lazer. Quem pode ter passado impunemente pelo Sesc Pompeia sem o registro de uma emoção, surpresa ou descoberta – para usar três das sensações que, a meu ver, definem a boa e verdadeira arquitetura?

Essa experiência contém uma chave para quem quiser refletir sobre o papel da arquitetura na vida dos seres humanos. Uma chave contemporânea, ativada e ao nosso alcance. É uma experiência arquitetônica que alia criatividade a um grande rigor, liberdade com responsabilidade, riqueza com concisão e economia de meios, poética com ética.

Quando estudantes que visitavam o Sesc Pompeia nos anos 1980 perguntaram a Lina sobre o papel da arquitetura, ela respondeu, referindo-se especificamente àquele projeto: "Arquitetura, para mim, é ver um velhinho, ou uma criança, com um prato cheio de comida atravessando elegantemente o espaço do nosso restaurante à procura de um lugar para se sentar numa mesa coletiva". E, para arrematar, com a voz embargada de quem desabafa uma vida de trabalho e de sonho por um mundo melhor, disse: "Fizemos aqui uma experiência socialista."

Os espaços de Lina
2008

É SEMPRE BOM VOLTAR AOS TRABALHOS – poucos e bons – deixados por Lina Bo Bardi, todos tão generosamente dedicados ao povo brasileiro. Eles parecem ser fontes inesgotáveis de reflexão, tanto pelo estranhamento que causaram à época como por continuarem causando ainda hoje, num mundo bastante mudado. Quero falar aqui dos espaços criados por Lina na Bahia, deixando os projetos de São Paulo – Masp, Sesc Pompeia e exposições – para outro momento.

Lina teve duas passagens marcantes pela Bahia: a primeira entre 1958 e 1964, e a segunda entre 1986 e 1990. Vinte anos de "tempos duros", como diria ela, separaram essas duas incursões em território baiano: diferentes proposições, temas, espaços, momentos políticos e culturais. Nos anos 1960, jovem, descobrindo o Brasil, e depois madura, cheia de sabedoria, mas já escaldada por frustrações e fracassos, pouco antes do final de sua vida. Faleceu em 1992, assistindo a mais um duro golpe em seu trabalho, com o abandono, pelo poder público, da ladeira da Misericórdia, seguido pela invasão e destruição desse espaço. Mas essa é outra história.

O que quero salientar aqui, antes de tudo, são suas ideias transformadoras, configuradas em espaços, ações concretas ou gestos críticos, igualmente intensos e polêmicos, vivenciados nesses dois períodos. Polêmicos porque "mexeram com as águas mornas da calmaria dominante", como ela adorava repetir. Ideias tão desconcertantes e avessas às facilidades e concessões, à mediocridade ou à preguiça mental que, até hoje, não se encaixam facilmente sob nenhum rótulo da produção arquitetônica e artística. Sim, porque, apesar de ter sempre rechaçado esse atributo ao seu trabalho, Lina foi sem dúvida uma artista que criou e subverteu poeticamente.

Comecemos pela revolução que foi a criação do Museu de Arte Moderna da Bahia (MAM Bahia). Lina parte do zero, sem um acervo para formar a primeira coleção e, talvez por isso mesmo, livre para mudar o papel que um museu deveria e poderia exercer no mundo contemporâneo. Com uma visão democrática e inovadora, aposta na função dinâmica do museu como centro de encontros e de formação didática aberta e livre: "Esse nosso [museu] deveria chamar-se Centro, Movimento, Escola..."[9], escreveu ela. Ali, o convívio de pessoas muito diversas quanto à classe social, faixa etária e nível de escolaridade, com ideias e formações variadas, deram o tom e o rumo.

Romper a barreira do preconceito e do autopreconceito – esse complexo de inferioridade que ronda o povo brasileiro desde o Brasil Colônia – era a bandeira implícita de cada exposição ou ação. Implícita para não ser esvaziada e rotulada como mera "loucura" ou "folclore" – venenos mortais em toda guerra político-intelectual – pelas forças conservadoras da época.

No MAM Bahia, uma programação intensa e cosmopolita marcou gerações no início dos anos 1960. Ali foram lançados artistas em início de carreira, hoje consagrados no Brasil e no exterior, como Francisco Brennand, Emanoel Araújo, Agnaldo Manoel dos Santos, expostos ao lado de Käthe Kollwitz, Burle Marx ou Oswaldo Goeldi. Mostras didáticas, como *A cadeira na história* ou *Educação pelo trabalho*, conviviam em igual status com *Cartazes suíços* ou *Guttuso*.

Após conquistar o apoio de estudantes e artistas locais, de parte da imprensa e da universidade, Lina se aventura em uma missão maior

---

9 Marcelo Ferraz (Org.), *Lina Bo Bardi*. São Paulo: Empresa das Artes; Instituto Lina Bo e P. M. Bardi, 1993, p. 139.

e ainda mais árdua: remexer no vespeiro da arte popular, investigando sem preconceitos os objetos e seus criadores, anônimos ou não. Arte produzida pela população mais pobre e relegada à periferia do ambiente cultural. Arte aplicada, a um só tempo utilitária e decorativa. Trouxe para as vitrines museológicas a voz de "uma massa que inventa, que traz uma contribuição indigesta, seca, dura de digerir"[10].

Da realidade dura e bela da desconhecida "vida subáquea" (outro termo muito utilizado por Lina) para o banquete da cidade. Com esse ideário em prática, cria seu segundo museu na Bahia, o Museu de Arte Popular, instalado no Solar do Unhão. Vale a pena relembrar um trecho do texto de apresentação da exposição *Nordeste*, que inaugurou o museu:

> Esta exposição é a procura desesperada e raivosamente positiva de homens que não querem ser "demitidos", que reclamam seu direito à vida. Uma luta de cada instante para não afundar no desespero, uma afirmação de beleza conseguida com o rigor que somente a presença constante de uma realidade pode dar. [...] Esta exposição quer ser um convite para os jovens considerarem o problema da simplificação (não da indigência), no mundo de hoje; caminho necessário para encontrar dentro do humanismo técnico, uma poética. [...] É uma acusação não humilde, que contrapõe às degradantes condições impostas pelos homens, um esforço desesperado de cultura[11].

Tanto em suas exposições no MAM Bahia – instalado provisoriamente no foyer do Teatro Castro Alves – quanto no Museu de Arte Popular do Solar do Unhão, Lina revoluciona a maneira de expor da época, ainda tão comportada e agarrada às paredes e pedestais. Ensaia assim os primeiros passos do que viria a ser a museografia do Masp, com seus cavaletes de vidro com pinturas flutuantes, hoje infelizmente banidos das exposições pelo mesmo espírito colonizado que ela tanto combateu[12]. Mas essa é outra história.

10 Lina Bo Bardi, *Tempos de grossura: O design no impasse*. Org. de Marcelo Suzuki. São Paulo: Instituto Lina Bo e P. M. Bardi, 1994, p. 12.
11 Catálogo da exposição *Nordeste*, Salvador, Museu de Arte Popular do Unhão, 1963.
12 Em 2015, após vinte anos da retirada, os cavaletes de vidro voltaram a ser utilizados na pinacoteca do Masp.

Em suas exposições na Bahia, leva às últimas consequências a ideia de museu como realidade concentrada. Seja quando, no Solar do Unhão, de maneira crítica e perspicaz, revela a realidade e a beleza das feiras populares, como a de São Joaquim, ou quando no MAM expõe, lado a lado, a coleção de bailarinas de Degas (verdade!), as carrancas da região do vale do São Francisco, ou os cristais gigantes da exposição *Formas naturais*. Nunca se tratou de uma mera transposição de objetos ou ambientes para o espaço museológico. Ela soube sempre evidenciar – e aí mora a sagacidade de Lina – o deslocamento e a recontextualização de cada objeto, quando bem apresentado, num museu; a arte de fazer ver aquilo que passa despercebido em nosso dia a dia.

No Unhão, Lina expôs de forma simples e extremamente sofisticada – como nas feiras – a arte popular, ainda viva, forte e cheia de personalidade que, naquele momento, estava longe dos holofotes dos museus e das galerias da "alta cultura". Ela fazia questão de nomear seu trabalho museográfico como arquitetura, fosse expositiva ou cênica. No seu entender, somente a palavra "arquitetura" poderia expressar a totalidade construtiva contida nessa ação. Arquitetura como prospecção e projeção, descoberta e criação.

Não por acaso, foi nesse mesmo espaço que fez seu experimento mais ousado e, ainda hoje, referencial para aqueles que trabalham e estudam o patrimônio histórico construído. Uma intervenção radical, em que, independentemente da idade – ou antiguidade –, selecionou partes dos edifícios que deveriam permanecer e outras, demolir.

Ali ela forjou, na prática, sua teoria sobre o presente histórico, aplicada posteriormente em todos os seus projetos de intervenção no patrimônio histórico:

> O "respeito histórico" pelos monumentos é um passado que deve ser rigorosamente conservado, mas sempre, passado. Existe, porém, outro tipo de passado que pode ser conservado, mas deve viver ainda em forma de "Presente Histórico", acompanhando o presente real da vida de todos os dias. Bem, os senhores vão ver alguns exemplos do uso de materiais modernos na técnica estrutural usada como base da restauração, que permite o respeito integral pela essência histórica dos antigos

edifícios, ao contrário da visão acadêmica do Restauro tradicional, que pensa somente nos Monumentos e não nos Homens[13].

A experiência arquitetônica e de ação cultural no Museu de Arte Popular do Unhão foi uma espécie de laboratório de ideias que, anos mais tarde, seriam aplicadas no Sesc Fábrica da Pompeia. Não há dúvida de que essa obra máxima e referencial, à qual Lina dedicou quase dez anos de sua vida (1977 a 1986), foi pautada e assentada sobre sua experiência baiana. Do ponto de vista dos órgãos de preservação do patrimônio histórico, o projeto do Solar do Unhão foi tão ousado e complexo, tão fora das diretrizes e posturas da época, que, para ser aprovado pelo Instituto do Patrimônio Histórico e Artístico Nacional (Iphan), foi necessária a intervenção pessoal de seu presidente, Rodrigo Melo Franco de Andrade. Este enviou um ofício ao Iphan-BA, em que constava o apoio e a manifestação de Lucio Costa dando carta branca à Lina, algo como "deixem ela trabalhar, ela sabe o que faz"[14].

O símbolo maior dessa experiência brilha ainda hoje lá, no interior do sobrado dos Dias D'Ávila: criada por Lina Bo Bardi e encaixada no miolo do conjunto arquitetônico, a magnífica escada helicoidal de planta quadrada, toda construída em madeira encaixada, sem pregos nem parafusos, parece ser um grito de quem lutou pela liberdade a vida toda. "É preciso se libertar das amarras do passado e construir um novo futuro", dizia Lina, inclusive em relação ao patrimônio histórico.

---

13 Marcelo Ferraz (Org.), *Lina Bo Bardi*. São Paulo: Empresa das Artes; Instituto Lina Bo e P. M. Bardi, 1993, p. 276. Extraído de texto de Lina, enviado e lido na inauguração do Teatro Gregório de Mattos, em Salvador, em 15 ago. 1989.

14 Essa é a íntegra do ofício de Rodrigo Melo Franco de Andrade, de 1963, apresentado na tese de doutorado de Ana Lúcia Cerávolo, na qual analisa as circunstâncias polêmicas em que o projeto do Solar do Unhão foi discutido e finalmente aprovado: "Cumpre-me acrescentar que, encaminhado o expediente dessa chefia sobre o assunto ao Diretor da DET, o Arquiteto Lucio Costa se manifestou, nos termos do manuscrito que remeto incluso, pela *concessão de carta branca* à sua colega encarregada do empreendimento. Esse parecer se funda por certo no reconhecimento das aptidões invulgares da Arquiteta Lina Bardi, assim como na convicção de que o benefício geral das obras para o monumento tornará sem maior importância quaisquer senões ou desacertos verificados em detalhes da respectiva execução". (Ana Lúcia Cerávolo, *Interpretações do patrimônio: Arquitetura e urbanismo moderno na constituição de uma cultura de intervenção no Brasil, anos 1930-60*. Tese de doutorado, São Carlos, Escola de Engenharia de São Carlos – USP, 2010, p. 235-236.)

Em sua segunda passagem pela Bahia, no fim dos anos 1980, realiza com Pierre Verger a casa do Benin, com uma exposição permanente de objetos, fotografias, arte – e "não arte", dando conta do "fluxo e refluxo" cultural Benin-Bahia-Benin. Negros africanos que, vindos do Reino do Daomé e aqui escravizados, voltam à sua terra após a abolição da escravatura, em 1888, levando uma nova cultura, transformada, nem totalmente de lá, nem totalmente de cá: nova.

A escolha dos objetos combinada com a maneira de expor, utilizada na Casa do Benin, retomaram os conceitos e princípios adotados, nos anos 1960, no MAM Bahia e no Solar do Unhão. Conceitos que funcionaram ali e que funcionam até hoje porque não partem da supremacia da forma nem do conteúdo. Têm na poética o poder da síntese e da comunicação. E fizeram escola. Nessa mostra, Lina e Verger expõem lado a lado, sem "medo museográfico", objetos valiosos como tabuleiros do jogo de Ifá e tronos africanos de terreiros de candomblé, com folhas de ervas medicinais, sementes, fotos, imagens e tecidos – tudo misturado, para contar uma história, fazer as ligações de um enredo sofrido, mas também rico e poético, da saga dos negros escravizados no Brasil.

Na inauguração da Casa do Benin, o ministro da Cultura daquele país, surpreso diante das vitrines e da ambientação expositiva, desabafou: "Não sabia que nossos objetos de uso no dia a dia eram tão valiosos e poderiam estar brilhando, como estrelas, num museu". Mais uma vez, estava em ação o "pulo do gato" da maneira de expor de Lina. Sua procura era sempre fazer com que algo pudesse intrigar, tendo ao mesmo tempo forte ressonância no "coração" do visitante.

Ainda nesse segundo tempo baiano, projeta o Teatro Gregório de Mattos, nos fundos do Cine Glauber Rocha, na praça Castro Alves, mais precisamente nas antigas instalações do Tabaris Night Club, importante casa de gafieira que fez história nos anos 1930. Nesse projeto, apresenta uma proposta despojada e corajosa de um espaço plano, absolutamente vazio, baseado no teatro nô japonês. Palco e plateia não são predeterminados, permitindo que cada montagem apresente sua própria geografia espacial. Nem mesmo as cadeiras são fixas, e cada espectador, ao entrar, "passa a mão" em uma cadeira Frei Egídio (desenhada especialmente para aquele teatro) e escolhe a melhor posição para assistir ao espetáculo. É a liberdade total, sonhada por Antonin Artaud, para um teatro sem separação entre palco e plateia.

Também aqui, vale lembrar um trecho do texto de Lina que apresentava o projeto:

> No tempo importante de Piscator, Walter Gropius relacionou bem claramente o Teatro com a Arquitetura, no sentido de que um "fecunda o outro" e vice-versa. Está claro que a citação não é no sentido "físico" mas sim no comportamento humano, no seu uso intelectual. Bem, no conjunto que apresentamos hoje, conjunto dos componentes de uma das cidades mais significativas da América Latina, a Bahia de Todos os Santos, este relacionamento aparece claramente como espírito fundamental da Cidade: Teatro que sai nas praças, ruas, que invade a cidade; cadeiras e móveis que saem das casas, e gente, homens, mulheres, crianças, todo um Povo que inspirou, em 1936, a Le Corbusier, quando visitava o Brasil, numa famosa carta ao Ministro Gustavo Capanema: "Senhor Ministro, não mande construir teatros, com palcos e poltronas, deixe as praças, as ruas, o verde, livres, mande somente construir 'des Tréteaux' de madeira, abertos ao Povo e o Povo Brasileiro os ocupará, 'improvisando', com sua elegância natural e sua inteligência"[15].

E, assim como no Solar do Unhão, dentro do despido espaço arquitetônico do Teatro Gregório de Mattos, uma escada – agora em concreto armado – absolutamente genial do ponto de vista plástico e estrutural, reina e domina a cena, dando as boas-vindas aos visitantes, e mais, dando provas de que uma experiência arquitetônica forte e intensa pode ser mágica. Vale a pena passear por ela, subir e descer seus degraus várias vezes. Ainda Lina:

> As escadas sempre fascinaram o homem. As grandes escadarias das cidades, as escadas dos tronos, dos templos... São um elemento fascinante, e eu sempre fui, como arquiteto, fascinada pelas ideias de uma escada.

15 Marcelo Ferraz (Org.), *Lina Bo Bardi*. São Paulo: Empresa das Artes; Instituto Lina Bo e P. M. Bardi, 1993, p. 276. Extraído de texto de Lina, enviado e lido na inauguração do Teatro Gregório de Mattos, em Salvador, em 15 ago. 1989.

Nunca tomei uma escada como um elemento para subir de um nível a outro nível. No Unhão, por exemplo, tem uma escada que é remarcável na Bahia[16].

Refletindo hoje sobre qual teria sido de fato o mais significativo espaço expositivo criado por Lina Bo Bardi na Bahia, chego à conclusão de que não foi nenhum desses aqui descritos. Nenhum deles se equipara a um ato expositivo único, um acontecimento surpreendente e genial: quando da chegada a Salvador das obras do Masp emprestadas ao MAM Bahia, Lina resolveu expor o *Colegial*, de Van Gogh, e *As meninas*, de Renoir, ao ar livre em uma das mais populares e belas praças de Salvador, o Campo Grande. Foi um escândalo! Eram outros tempos, é claro. Mas também são claros e contundentes o gesto e a intenção de Lina. Gesto de quem lutou a vida toda para tirar dos pedestais inacessíveis o melhor da arte produzida pela humanidade e mostrá-la, democraticamente, a todos.

Com a palavra final, dona Lina:

> Tirar do Museu o ar de Igreja que exclui os iniciados, tirar dos quadros a "aura" para apresentar a obra de arte como um "trabalho", altamente qualificado, mas trabalho; apresentá-lo de modo que possa ser compreendido pelos não iniciados, tão diferentes dos elegantes visitantes dos grandes museus tradicionais, cujas "auras" são sempre conservadas, mesmo nos arranjos modernos[17].

---

16 "A escada (Teatro Gregório de Mattos)", *AU – Arquitetura e Urbanismo*, n. 11, São Paulo, abr.--maio 1987.

17 Lina Bo Bardi, "Explicações sobre o museu de arte". *O Estado de S. Paulo*, 5 ago. 1970.

Polytheama: breve história do projeto de recuperação

2011

Primeiro ato

Em 1986, a arquiteta Lina Bo Bardi foi convidada pelo então prefeito de Jundiaí, André Benassi, a reabilitar o Teatro Polytheama através de um projeto arquitetônico. Naquele momento, éramos uma pequena equipe de arquitetos: Lina, André Vainer e eu.

Reabilitar o teatro significava não somente recuperá-lo e restaurá-lo em alguns aspectos, mas também adequá-lo às novas funções de um teatro contemporâneo e, até mesmo, ampliá-lo. Sim, ampliá-lo, porque contávamos também com a possibilidade de usar o terreno vizinho pertencente à Eletropaulo (hoje Museu da Energia) para criar novas entradas, camarins, áreas de apoio técnico e de depósito, um jardim, ou seja, tudo aquilo que o teatro não tinha. Vale lembrar que no antigo Polytheama, de 1928, havia somente dois banheirinhos individuais e escadas de madeira tão precárias que jamais seriam aprovadas pelas normas atuais de segurança predial.

Nosso projeto poderia ser resumido em alguns aspectos importantes: mudança radical do eixo de atenção e acesso ao teatro para o terreno lateral com a construção dos "tubos" de concreto para a circulação em vários níveis; criação de toda a infraestrutura de apoio no terreno contíguo; demolição da "boca de cena" para aumentar a possibilidade de uso de um palco maior; ampliação do proscênio do palco; demolição das pontas da "ferradura" das galerias superiores para a consequente melhoria da visibilidade de um palco maior, nascendo daí os camarotes *barcaccia*[18]; criação de placas acústicas pré-moldadas de concreto para o fechamento dos balcões das galerias e camarotes; abertura de uma grande (gigante) janela na parede de fundo do palco, pela qual se poderia ver a paisagem da cidade.

Desenvolvemos o trabalho até o nível de anteprojeto. Por motivos político-administrativos alheios à nossa vontade, tivemos que suspender nossos trabalhos e tudo isso ficou no papel.

Segundo ato

Dez anos depois, em 1996, fui procurado pelo prefeito reeleito André Benassi para retomar o projeto do Polytheama. Dessa vez, eu e meu sócio Francisco Fanucci, por intermédio de nosso escritório Brasil Arquitetura, visto que Lina já havia falecido em 1992.

Começamos a estudar o projeto e suas novas demandas. Para as primeiras discussões e definições, convidamos os arquitetos André Vainer, que havia participado do primeiro projeto, e Marcelo Suzuki, nosso ex-sócio, que integrava a equipe de Lina quando de sua morte.

De início, nosso projeto deveria partir de outras bases: o terreno vizinho não fazia mais parte do conjunto. Teríamos que resolver tudo dentro dos limites dos muros do Polytheama. Ou seja: circulação de segurança, banheiros em quantidade suficiente, camarins, hall de entrada etc. Foi uma ginástica e tanto, mas chegamos a um bom termo. O teatro foi recuperado em tempo recorde de um ano.

Contávamos ainda com a possibilidade de construir um novo bloco complementar na encosta do terreno dos fundos do Teatro.

---

18 Camarotes situados nas laterais do palco, em geral maiores do que os outros, muito comuns nos antigos teatros de ópera italianos.

Esse bloco, infelizmente, até hoje não foi edificado, o que deixa o Polytheama um tanto limitado em termos de espaços de apoio.

Do nosso primeiro projeto, desenvolvido sob o comando de Lina Bo Bardi, pudemos aproveitar somente algumas soluções internas, como a demolição da boca de cena e o aumento do palco, a demolição das pontas das galerias e a criação do camarote *barcaccia*. Tudo o mais ficou de fora por questões técnico-financeiras, como a falta do terreno contíguo, ou a falta de estrutura no antigo prédio para se abrir a grande janela do palco, entre outras.

Tivemos que nos contentar com as limitações e, a partir delas, atender com dignidade às demandas e necessidades que se impunham. E o resultado está lá!

Terceiro ato

Mas o teatro aguarda ainda a sua complementação com a construção do novo Bloco Anexo, que, no momento, insinua-se timidamente através de uma galeria lateral interrompida. Galeria de passagem e exposições que deveria levar ao café-restaurante "belvedere" (uma maneira encontrada de mostrar a vista da paisagem, que Lina sonhou e não foi concretizada); às salas de ensaio de dança e música (uma escola de artes cênicas Polytheama?); aos depósitos e oficinas de apoio; aos camarins complementares; enfim, deveria levar à rua Vigário João José Rodrigues, completando assim sua missão, também urbanística, de ligar pontos, romper obstáculos e juntar pessoas. Essa etapa, de fundamental importância para o pleno funcionamento do teatro, é o grande desafio do momento. Afinal, um "senhor" centenário merece toda a atenção e, principalmente, respeito.

Que o Polytheama viva seu novo século!

Vinte
anos
com Lina
2012

O DIA 20 DE MARÇO marcou os vinte anos da morte de Lina Bo Bardi. Em 2002, escrevi um artigo para o jornal *O Estado de S. Paulo* intitulado "Dez anos sem Lina". Hoje, ao contrário, escolho fazer um artigo comemorando mais vinte anos *com* Lina. Explico.

O nome da arquiteta e o interesse que sua obra tem despertado em estudiosos de várias áreas e no público em geral, em todos os cantos do planeta, só cresceram nesses últimos anos.

Transformada em uma Lina mais palatável e feminina, até dócil, a figura incômoda da profissional intransigente e dura, que preferia ser chamada de "arquiteto", sempre tão difícil de digerir pela mídia e por sucessivas gerações de colegas, está agora em toda parte, na agenda cultural, em publicações as mais diversas, em debates acadêmicos, em exposições e simpósios.

Será que a morte e o tempo estão fazendo de Lina "salsinha que vai em todo prato" – como ela mesma dizia com ironia? Será que vale a máxima que diz que quem morre já não incomoda mais?

Arrisco afirmar que o rastro deixado por Lina, a estrada pavimentada por ela, é tão forte e rica quanto a imagem que ela mesma fazia do

Brasil quando dizia apaixonadamente: "Este é um país incrível... você anda pelas ruas pisando em pedras preciosas."[19]

A obra de Lina é também povoada de joias, e cada vez que a ela voltamos, novos e muitos caminhos se abrem: saídas para crises e entradas em novos mundos poéticos de espaços públicos e de convivência humana. Nela não cabe diluição. A mensagem de Lina era clara... e dura.

Atualmente, quando é notável a falência que vivenciamos no campo da arquitetura praticada e apregoada pelo grupo de arquitetos do chamado *star system*, Lina tem muito a contribuir. A crise econômica quebrou as pernas dos arquitetos malabaristas, contorcionistas e mágicos, colocando-os na ridícula situação de quem só sabe "fazer bonito" com muito recurso financeiro. Vejam o que foi essa avalanche de projetos mirabolantes das últimas décadas, criados nos países de economia forte e vendidos por todo o planeta como modelo a ser seguido independentemente da diversidade cultural ou socioeconômica de cada rincão onde se assentaram.

São exemplos de uma arquitetura sem alma e espírito – ou o que quer que possamos nomear como algo que ressoe no "coração" de pessoas e comunidades – feitas com uma enormidade de recursos financeiros e sociais que não se justificam. É uma arquitetura rica, porém pobre, como a *pobre menina rica*, de Vinicius de Moraes.

É claro que há exceções, projetos exemplares que merecem ser estudados e difundidos. Mas o rolo compressor do movimento da "arquitetura show" é forte, mesmo que decadente. Ainda mais se associado ao espírito "lambe-botas" que também é forte por essas bandas de cá.

A obra de Lina é vigorosamente contrária a toda essa parafernália midiática e se pauta por outros critérios e prioridades. Sua obra sempre foi guiada pela economia – de meios, materiais e trabalho. Esse é o fundamento que impulsiona o desenvolvimento científico e técnico. Economia e rigor: no mundo moderno, populoso e ainda muito injusto, com enormes desafios para prover conforto ao habitat humano, esses são parâmetros indispensáveis.

Em Londres, uma pequena mostra apresentada no Architectural Association School of Architecture (AA), com curadoria de Ana Araújo

---

19 Documentário *Lina Bo Bardi* (1993). Dir. de Aurélio Michiles, rot. e ed. de Isa Grinspum Ferraz.

e Catalina Meijia, faz pensar. A mostra se chama *Lina and Gio: The Last Humanists*. Trata-se de uma exposição comparativa (ou aproximativa, para ser mais preciso) de certos aspectos das obras de Lina e Gio Ponti, grande arquiteto italiano e seu mestre. Em seu estúdio milanês, recém-formada, ela teve seu primeiro emprego nos difíceis anos da Segunda Grande Guerra.

A pequena exposição, que ocupa duas salas do AA (térreo e primeiro piso), prima pela escolha e pela qualidade da informação, deixando de lado a quantidade. É delicada e calma, merece ser visitada e apreciada com gosto de quem quer entender o tal título *Os últimos humanistas*. Na mostra, ainda no andar térreo, passeamos por desenhos originais de Ponti (e alguns poucos de Lina), nos quais se nota sua enorme influência sobre ela na maneira de representar; poucos móveis, sem deixar faltar as cadeiras Superleggera de Ponti e Girafa (superpesada), de Lina; fotografias e anotações em blocos e cartas de ambos; um pequeno vídeo com Adriana Calcanhotto intercalando suas canções com leitura de textos de Lina quando do relançamento do livro *Lina Bo Bardi*, no Sesc Pompeia; objetos e ex-votos colecionados por Ponti em confronto com publicações e textos de Lina sobre cultura e arte popular; numa parede, o forte e ainda vivo documentário de Aurélio Michiles e Isa Grinspum Ferraz, realizado em 1993, sobre Lina e o Brasil. No primeiro pavimento, apenas fotografias de Iñigo Bujedo Aguirre, clicadas recentemente no Sesc Pompeia. Belíssimas fotografias de grande e médio formato, revelando novas visadas e novas cenas do tão conhecido e utilizado centro. Um olhar muito especial. É isto!

A retomada do termo "humanista" para falar de Lina e sua obra é precisa e oportuna neste panorama atual – que tentei traçar de forma breve – de uma arquitetura anacrônica, sem claros fins e funções, incluindo aí uma das mais nobres, a poética. Lina fazia questão de se intitular humanista, ligada às lutas e conquistas sociais e libertárias do século XX. Mas o termo caiu em desuso e foi sumindo do panorama midiático. A pequena mostra em Londres cumpre seu papel de delicado alerta ao andamento das coisas no mundo da arquitetura e design. Bastou mostrar dois grandes arquitetos cujas criações, por incrível que pareça, ainda vivem e têm muito a dizer e a contribuir para a busca de conforto para os humanos. Bela comemoração dos vinte anos!

Passear pela obra de Lina – espaços, escritos, desenhos ou obje-tos – nos dá a nítida sensação de que foram mais vinte anos em sua companhia. E, para não deixar por menos, queremos vivos também seu incômodo, sua intransigência e sua indignação, e, por muito mais tempo ainda, queremos, como ela sempre quis, o combate à mediocri-dade e à hipocrisia que andam soltas por aí.

Encontros com Oscar Niemeyer

2012

CONHECI OSCAR NIEMEYER EM 1989 durante um almoço oferecido a ele por Lina Bo Bardi, com quem eu trabalhava. Foi um encontro muito especial de dois velhos amigos – Lina e Oscar – que não se viam desde 1964. Ali, falaram muito sobre o Brasil e nossos eternos problemas, e pouco sobre arquitetura.

Anos depois, em 2002, Oscar me ligou e, num longo telefonema, fez muitas perguntas a respeito da arquitetura de museus. Queria saber sobre as dimensões ideais de espaços expositivos, sobre técnicas variadas de iluminação etc. Ao final, ele me pediu um pequeno relatório sobre o que seria um bom programa de necessidades para um museu contemporâneo. De início, achei que fosse um trote de algum amigo, mas não, era ele mesmo, o Oscar. Fiz rapidamente o relatório, enviei por fax e recebi outro simpático telefonema de agradecimento.

Alguns dias depois, mais um telefonema. Dessa vez, Oscar me convidava para colaborar na transformação de um antigo projeto seu – um grande edifício construído em 1970 para abrigar uma escola – em um museu contemporâneo. Justificou o convite dizendo que queria ter a seu lado o "pessoal de Lina", que entendia do assunto. Tratava-se do Novo

Museu de Curitiba, atualmente Museu Oscar Niemeyer. Aceitei, é claro, e com meu sócio Francisco Fanucci e minha equipe do Brasil Arquitetura trabalhamos intensamente durante um ano até a inauguração.

Os encontros com Oscar eram sempre em seu escritório, no Rio de Janeiro, mas ele se deslocou para Curitiba de carro para a inauguração. Nessa relação de trabalho, Oscar foi sempre gentil e amigo, ouvindo e ponderando nossas sugestões, discutindo cada ponto do projeto, com muito respeito profissional. Em certo momento, ele disse: "Bem, vocês cuidam da reforma e adequação do edifício velho, e eu cuido do bloco novo", hoje conhecido como "olho", que virou um forte marco de Curitiba. E assim foi. Sou muito grato a ele pela confiança depositada em nós, e pela "amizade acima de tudo", como sempre diz.

A importância do arquiteto

Oscar Niemeyer é, acima de tudo, um grande humanista, um militante incansável da justiça social, de um mundo melhor para todos. Claro que, humano que é, não é uma unanimidade. Mas são inquestionáveis sua genialidade, originalidade e peculiaridade. Por ser "tão único" em seu modo de fazer arquitetura, não deixa uma escola, nem seguidores, como outros arquitetos importantes. E muitos que se arvoram a isso "dão com os burros n'água".

Oscar é um arquiteto que tem uma obra tocante e que se sobressai para todos os arquitetos e os não arquitetos que tomam conhecimento dela. O que mais me admira em Oscar é sua intuição estrutural, condição ou atributo fundamental para todo bom arquiteto. Também seu senso de escala para projetar grandes espaços públicos, verdadeiros palácios, é impressionante. Nesse sentido, temos, por exemplo, o interior do Itamarati.

Obras marcantes

O Conjunto da Pampulha, em Belo Horizonte, é para mim a obra máxima de Oscar. A sabedoria na implantação dos edifícios, as formas surpreendentes, o detalhamento no uso dos materiais... É um trabalho primoroso. Já os Pavilhões do Parque Ibirapuera, com a marquise a conectá-los de modo elegante, muito original, cria um passeio coberto, mas aberto à vegetação, ora com grandes espaços, verdadeiros salões, ora caminhos cobertos. E a rampa do Pavilhão da Bienal é genial, está sempre como a estrela número um das exposições que ali acontecem, inclusive salvando algumas delas do fracasso.

O Edifício Copan, por sua vez, é uma verdadeira aula de urbanismo. Uma implantação que claramente propõe uma nova lógica de relacionamento urbano para São Paulo, entre edificações e pedestres, mais humana e mais centrada na convivência. Essas são obras que devem ficar para sempre, sob nosso olhar, como bons exemplos a serem seguidos, em busca de uma cidade mais democrática e confortável.

Arquitetura escrita

2013

"QUANDO NÃO POSSO CONSTRUIR, desenho; quando não posso desenhar, escrevo; quando não posso escrever, falo." Com essa máxima, Le Corbusier não deixa dúvidas de que, para ele, a missão maior de um arquiteto é a construção. A obra construída é que fundamenta e alimenta continuamente, ao longo da história, o universo do desenvolvimento tecnológico e intelectual em torno da disciplina arquitetura: modos de construir, de criar espaços e habitar. Mas, afirma ele, qualquer recurso de linguagem – desenho, escrita ou fala – pode ser também veículo para a construção.

Com esta introdução quero abordar neste artigo um aspecto da obra de Lina Bo Bardi que somente agora começa a ser mais divulgado e conhecido por acadêmicos e profissionais da arquitetura: sua obra escrita.

A obra arquitetônica de Lina tem sido cada vez mais difundida e descoberta mundo afora. Apesar de pequena, ela continua surpreendendo e ganhando mais e mais prestígio devido a sua relevância na atualidade. Repercute e aponta possíveis caminhos, em tempos de crise econômica, aos países ricos, e demonstra a falência de certa arquitetura espetáculo, pautada na aparência e nos malabarismos formais que lhe roubam a alma. Na arquitetura pública e democrática de Lina, vale a definição do finlandês Alvar Aalto de que "o arquiteto é um servidor da sociedade". Em sua obra, emoção, surpresa e descoberta, aliados a um extremo rigor, dão o tom e o ritmo. Como exemplos, cito aqui o Solar do Unhão (1962), na Bahia; o Museu de Arte de São Paulo (1968) e o Sesc Pompeia (1982), ambos em São Paulo. São três obras emblemáticas que se pautam fundamentalmente pela promoção do encontro de pessoas e pela convivência humana. Nelas, podem-se ver, ao mesmo tempo, a evolução do pensamento de Lina ao longo dos anos e também a permanência, ou insistência, de certas proposições em todo o período.

No Solar do Unhão, em Salvador, Lina cria e instala o Museu de Arte Popular que, para além de museu, deveria funcionar como um centro de pesquisa e desenvolvimento de design, aliando a rica cultura tradicional do Nordeste brasileiro às novas tecnologias; os artistas e artesãos populares à universidade. Era uma tentativa de criar alternativas autóctones à mera importação de modelos norte-americanos e europeus. Infelizmente, essa experiência, que apenas começava, foi interrompida de forma brutal pelo golpe militar de extrema direita ocorrido em 1964 no país.

O esforço de Lina, porém, não foi de todo em vão. Em cinco anos de profícuo trabalho[20], as marcas de seu pensamento livre e ousado se espalharam até mesmo por outras searas que não propriamente aquelas da arquitetura, como o cinema novo de Glauber Rocha, a música dos tropicalistas Caetano Veloso e Gilberto Gil, as artes visuais de Rogério Duarte, as artes cênicas de Hélio Eichbauer etc. Hoje, quase cinquenta anos depois, ao visitarmos o conjunto do Solar do Unhão num fim de tarde de sábado, em que há música ao vivo (o já famoso "jazz aos sábados") e crianças brincando entre jovens e idosos, todos juntos, podemos ter certeza de que o projeto resistiu a todas as ofensas e desaforos por que passou e vive bem. É um dos melhores espaços da cidade de Salvador. E a magnífica escada de madeira, marca indelével da genialidade de Lina, permanece ali, nos brindando e dando as boas-vindas.

---

20 Referência a "Cinco anos entre os 'brancos'", texto publicado em *Mirante das Artes* (n. 6, São Paulo, nov.-dez. 1967), no qual Lina reflete sobre o primeiro período em que viveu em Salvador.

No Museu de Arte de São Paulo (Masp), Lina leva às últimas consequências os experimentos expográficos de muitos de seus colegas italianos, como Carlo Scarpa e Gio Ponti (seu mestre), no sentido de libertar as obras de arte das velhas paredes e estruturas dos palácios e palacetes. Fazendo um pequeno parêntese, é importante lembrar que foi no estúdio Ponti que Lina teve seu primeiro emprego, de 1943 a 1946, como arquiteta, ilustradora e editora (revista *Domus*), ainda durante a Segunda Guerra Mundial. Foi um momento marcante em sua carreira, de grande aprendizado. E a influência de Gio Ponti pode ser nitidamente comprovada quando confrontamos os desenhos de Lina aos seus.

Mas, voltemos ao Masp, onde a expografia de painéis – os famosos cavaletes de vidro criados como suporte dos quadros – é de uma originalidade e radicalidade desconcertantes. No Masp, a transparência dos cavaletes produz a sensação de que as pinturas flutuam no espaço, conversando entre si e com os visitantes, numa verdadeira – e pioneira – grande "instalação". Neles pode-se ver a evolução do movimento que se iniciara na Itália. Mas, afirmava Lina, um projeto dessa ousadia só poderia ser levado a cabo por ter ocorrido na América, longe das normas mofadas das academias e escolas de belas-artes do Velho Mundo. Na América, tudo podia ser feito, inventado, sem o "peso e as amarras do passado".

No Sesc Fábrica da Pompeia, Lina retomou muito do que já havia feito – e do que havia tentado fazer, sem sucesso – nos projetos do Solar do Unhão e do Masp. Mas principalmente no Unhão, pelas características multifuncionais que o aproximam da proposta do Sesc, onde ela fundiu programa com projeto de tal modo que fica difícil analisá-los separadamente. Transformou uma velha fábrica de tambores dos anos 1930 em um lugar de encontro e festa, uma verdadeira "cidadela da liberdade", livre dos automóveis. Um belo teatro; exposições multitemáticas; ateliês de práticas manuais; restaurante; choperia e bar com espaço para música e dança; centro esportivo; um deck solarium, que virou a praia dos paulistanos e a possibilidade de, simplesmente, não fazer nada, de apenas observar o movimento das pessoas, como num café parisiense ou numa *rambla* de Barcelona.

No Sesc, as soluções técnicas e formais vão da violência e contundência dos edifícios de concreto protendido das torres esportivas, com suas passarelas feéricas *à la Metrópolis*, de Fritz Lang, à delicadeza da recuperação dos antigos galpões de tijolinho aparente e telhas de barro, num contraste de escalas digno de uma instalação industrial (um projeto pioneiro da chamada "arqueologia industrial"). Uma verdadeira lição do arquiteto que deve saber dosar o peso de sua mão; saber o momento de se impor e "gritar" na paisagem e o momento de desaparecer, como um contrarregra de teatro.

Lina jamais se deixou levar por modismos ou formalismos. Foi, muitas vezes, associada ao movimento brutalista; no entanto, essa associação sempre foi para ela um tanto mecânica, quase que unicamente ligada ao uso de materiais nus, como o concreto rústico. Mas, seguramente, sua obra poderia ser relacionada à essência e ao fundamento principal desse movimento. Segundo as palavras dos Smithsons: "*Brutalist to us meant Direct* [...] [*something*] *necessary to suit the new situation.*"[21]

O fato é que Lina Bo Bardi também escrevia, e escrevia bem. Suas anotações em bloquinhos, pedaços de papel ou versos de envelopes continham reflexões sobre os mais variados temas – receitas de comida, lendas sertanejas ou a própria vida, mas eram, principalmente, lembretes de alguma boa ideia para um projeto que, muitas vezes, ainda não existia em sua agenda. Seus textos de apresentação de trabalhos, seus artigos e suas cartas públicas são pérolas escritas – metáforas, imagens fantásticas e quase físicas, ironia fina, humor, contundência, postura política e rigor – são como ferramentas eficazes de um arquiteto engajado, de corpo inteiro, na profissão. Lina escrevia em forma de manifestos ou plataformas de ação: com objetividade, síntese e economia – aspectos que, curiosamente, são também fundamentos da poesia. Sua obra espelha essa vontade de poesia em cada detalhe. Sim, Lina queria ser poeta com as armas da arquitetura. E foi.

Quando chega ao Brasil, em 1946, Lina rapidamente se apaixona pelo novo mundo, pela exuberância da natureza tropical e pelo povo brasileiro, com sua descontração e um certo quê de ingenuidade, "ainda

---

21 "Para nós, 'brutalista' significava direto: para outros chegou a ser sinônimo de tosco, cru, superdimensionado e que usa vigas três vezes mais grossas do que o necessário. [...] [o brutalismo] era o apropriado, algo necessário para adaptar-se à nova situação." (Max Risselada, *Alisson y Peter Smithson: De la casa del futuro a la casa de hoy*. Barcelona: Ediciones Polígrafa, 2007.)

não contaminado pela soberba e pelo dinheiro", como costumava dizer. Essa paixão e dedicação ao país que escolhe para ser sua nova terra estarão presentes em toda a sua obra arquitetônica e em seus escritos. Mesmo sem estarem diretamente vinculados ou referidos a um projeto específico, alguns textos clarificam aquilo que sentimos ao vivenciar sua arquitetura construída.

> Cada país tem sua maneira própria de encarar não somente a arquitetura, mas também todas as formas da vida humana. Eu acredito numa solidariedade internacional, num concerto de todas as vozes particulares. Agora é um contrassenso se pensar numa linguagem comum aos povos se cada um não aprofunda suas raízes, que são diferentes. A realidade à beira do São Francisco não é a mesma que à beira do Tietê... Essa realidade é tão importante como a realidade da qual saiu Alvar Aalto ou as tradições japonesas. Não no sentido folclórico, mas no sentido estrutural.
>
> [...]
>
> Existem sociedades abertas e sociedades fechadas; a América é uma sociedade aberta, com prados floridos e o vento que limpa e ajuda. Assim, numa cidade entulhada e ofendida pode, de repente, surgir uma lasca de luz, um sopro de vento. E aí está hoje a Fábrica da Pompeia, com seus milhares de frequentadores, as filas na choperia, o solarium do deck, o Bloco Esportivo; a alegria da fábrica destelhada que continua: pequena alegria numa triste cidade.
>
> [...] a emoção da ciência traduzida em técnica pelo homem é a mesma comunicada pela obra de arte. Equilíbrio, estrutura, rigor, aquele mundo outro que o homem não conhece, que a arte sugere, do qual o homem tem nostalgia.
>
> [...] No fundo, vejo a arquitetura como Serviço Coletivo e como Poesia. Alguma coisa que nada tem a ver com "arte"; uma espécie de aliança entre "dovere" e "prática científica". É um caminho meio duro, mas é o caminho da arquitetura[22].

Nesses pequenos trechos, podemos ver o quanto a linguagem escrita também pode expressar conceitos de arquitetura, para além do desenho.

---

22 Documentário *Lina Bo Bardi* (1993). Dir. de Aurélio Michiles; rot. e ed. de Isa Grinspum Ferraz.

Estamos falando, é claro, de arquitetura como forma de intervir na realidade, na vida das pessoas e comunidades, como forma de mudar o mundo – grande desejo de Lina. Combatendo certa hegemonia ou mistificação do desenho arquitetônico como forma final de se construir, Lina, provocadora que era, dizia ser capaz de fazer um projeto totalmente escrito e construí-lo. Nós, seus assistentes, pudemos ver isso acontecer no concurso de projetos para o Pavilhão do Brasil em Sevilha, em 1991. Lina, adoecida, ditou todos os nossos passos (desenhos e textos) sem tocar em um lápis ou folha de papel. Para ela, arquitetura era como contar uma boa história.

Arquitetura, para Lina, não era se debater diante de uma folha branca de papel à espera de uma "inspiração arbitrária". Para ela, tratava-se de organizar ideias, ligar polos inusitados, enfim, criar a partir de uma visão individual e de um modo de estar e interagir com o mundo em que habitamos, sempre com uma forte carga de sentido humano.

Temos, na história da arquitetura, muitos arquitetos brilhantes, fundamentais, com uma obra fantástica construída e que não deixaram sequer um pequeno texto, um registro escrito sobre seu trabalho; há ainda muitos outros que escrevem brilhantemente, sem que suas obras arquitetônicas façam jus a esses escritos, carecendo de nexo e unidade de pensamento entre as duas linguagens (entre essas formas de expressão).

No caso de Lina, seu pensamento, sua ação política e, mais do que isso, sua arquitetura encontram a mais fiel expressão em sua escrita lúcida e seca. Ler seus textos é como revisitar seus espaços construídos, projetados ou sonhados, é passear por uma arquitetura feita como a melhor poesia: livre e exata.

Arquitetura de guerrilha

2013

QUERO TRAZER NESTE ARTIGO algumas reflexões sobre como, o modo de projetar o Sesc Pompeia interferiu nos resultados finais do trabalho. Para isso, vou me concentrar no fato de que todo o projeto da Pompeia foi desenvolvido dentro do próprio canteiro de obras – na trincheira, processo do qual participei intensamente.

Durante nove anos, entre 1977 e 1986, Lina Bo Bardi, tendo André Vainer e eu como colaboradores, acompanhou todos os dias e ininterruptamente a execução das obras do Sesc Pompeia. A obra foi sendo executada ao mesmo tempo que o projeto era desenvolvido por nossa equipe. O escritório funcionava em barracos improvisados, e o contato com os engenheiros, os mestres de obras e os operários era direto, sem mediadores ou burocracias. Realizávamos provas e amostras do que iríamos executar antes de tomar as decisões finais. Tudo era testado e experimentado, em um modo de fazer arquitetura único, quase medieval.

Em 1982, inauguramos a primeira etapa, os galpões industriais; em 1986, a segunda etapa da obra, o bloco esportivo em concreto.

Contar algumas das histórias dessa verdadeira epopeia – entre dezenas de outras que eu poderia relembrar – pode ilustrar o que quero dizer.

1. De início, quando chegamos à antiga fábrica, em 1977, a instituição Sesc já estava utilizando os antigos galpões da fábrica de tambores para atividades esportivas e culturais destinadas à comunidade do bairro. Isso acontecia de forma precária e provisória, pela falta de instalações apropriadas. Eram quadras de futebol com colunas no meio, telhados com infiltrações, poças de água etc. Lina, em sua primeira visita ao local, rapidamente captou a atmosfera de felicidade da comunidade que, mesmo em parcas instalações, se divertia muito. Crianças para todos os lados, jovens esportistas, grupos improvisados de teatro e música, idosos em bailes e encontros amorosos... Enfim, um ambiente aconchegante e cheio de energia. Lina disse de imediato: "é isso o que eu quero; isso é o que devemos manter em nosso futuro centro de lazer; nosso programa está pronto".

Todas essas atividades tiveram de ser paralisadas para dar lugar às obras, mas as bases de nosso projeto estavam dadas. A antiga fábrica foi esvaziada e os trabalhos tiveram início. Ao final, entregamos à população, acima de tudo, um verdadeiro centro de convivência. Programa e projeto se fundindo em um só ato, a partir do "espírito do lugar".

Num segundo momento, Lina pediu para que montassem, na obra, um escritório de projeto. Escolheu o último galpão da rua central, à esquerda – hoje utilizado para exposições, apresentações diversas e instalações –, para abrigá-lo.

Nesses mesmos dias, fui indicado para trabalhar com Lina e marcamos o primeiro encontro na obra. Foi no dia 29 de agosto de 1977. Quando cheguei ao galpão/escritório, presenciei uma cena que marcou a personalidade de Lina – esta que ficou famosa, para o bem e para o mal, de não poupar palavras e gestos, duro e franco, direto. Ela estava mandando retirar os carpetes colocados no piso provisório e temporário de compensado, dizendo que aquilo era uma obra e que nunca havia utilizado carpete em sua vida, que carpete era uma coisa burguesa de mau gosto e de última categoria. Estava também dispensando a secretária contratada para o escritório (a qual, graças a Deus, não estava presente): "não precisamos, aqui atendemos ao telefone e falamos direto com qualquer pessoa, sem mediadores". Para o café e os cuidados de limpeza do escritório, logo arranjou um operário ajudante de obras (o Zezinho, que depois trabalhou por anos na manutenção da unidade em funcionamento) e pronto.

Diante desse cenário, eu pensei: "Isso aqui é interessante, diferente e vibrante." Lina, a seguir, depois da bronca, me atendeu com delicadeza e respeito e pediu para eu me apresentar, mostrar meus desenhos (poucos e únicos) e comprovar minha experiência. Olhou rapidamente e disse: "Vamos começar?". E eu perguntei: "Quando?". Ela respondeu: "Agora."

2. Noutra ocasião, um grande mal-estar começou a tomar corpo entre os operários – quase quatrocentos homens. Isso deve ter sido em 1980, 1981. Como se sabe, o feijão é um dos alimentos mais importantes da dieta dos brasileiros. Pois bem, a entidade que fornecia as refeições aos trabalhadores resolveu substituir o feijão pela soja, que naquele momento estava muito em moda por ser rica em proteínas etc. Teve início, então, a boataria de que a soja causava impotência sexual. Se era verdade ou não, pouco importa. O fato é que psicologicamente a coisa pegou e quase causou uma rebelião no canteiro.

Os operários foram procurar Lina para relatar o fato e pedir sua intervenção. Ela, como arquiteta, liderava a obra. Era a pessoa mais respeitada ali, e a que trazia mais confiança a todos. Em um gesto surpreendente, Lina resolveu propor a realização de uma missa. Na verdade, um culto meio ecumênico que deveria ser celebrado por um frade franciscano muito amigo nosso. Neste culto, todos os operários foram reunidos para que aquela espécie de "mau-olhado" que se abatera sobre a obra fosse banido, liberando todos eles de uma certa "impotência sexual". A celebração foi muito bonita, contou com a participação de todos, e os tranquilizou.

Ao mesmo tempo, porém, Lina procurou os fornecedores da alimentação. Com dureza, obrigou-os a reincorporar o feijão na alimentação, no lugar da soja. E assim foi feito. A paz voltou a reinar no ambiente de trabalho. Lina se sentia pessoalmente envolvida com o desenrolar da obra e com as pessoas que ali estavam e, nesse sentido, atuava em todas as frentes. As ações políticas e o respeito humano permeavam seus gestos e, assim, sem criar antagonismos, resolvia o que se apresentava a cada momento.

3. Na obra, com os operários, desenhamos, desenvolvemos protótipos e fabricamos todo o mobiliário da Pompeia. Para o teatro, Lina desenhou uma poltrona inteiramente em laminado de madeira maciça – araucária brasileira –, sem almofadas ou estofamentos. Uma poltrona indestrutível, "à prova de punks", como costumávamos dizer. Devo esclarecer que o teatro da Pompeia é uma releitura de uma arena elisabetana adaptada a um galpão industrial. Duas plateias se miram frente a frente contornadas por galerias laterais.

Pois bem, assim que o Sesc Pompeia começou a funcionar, o teatro foi cedido a um grupo de teatro que decidiu montar uma peça tradicional, com palco italiano e divisão do espaço ao meio, para um público "burguês e nada progressista". Nela, foi utilizada apenas uma das plateias. A outra foi desprezada. Em poucos dias uma onda de críticas tomou o noticiário cultural dos jornais e revistas, acusando a falta de conforto das poltronas do teatro. Uma polêmica logo se instala e Lina não se recusa a ir para o front. Escreve e publica o seguinte texto em defesa das cadeiras:

> Por quanto [sic] se refere à dita cadeirinha, toda de madeira e sem estofado, é de observar: os autos da Idade Média eram apresentados nas praças, o público de pé e andando.
>
> Os teatros greco-romanos não tinham estofados, eram de pedra, ao ar livre e os espectadores tomavam chuva, como hoje nos degraus dos estádios de futebol, que também não tem estofados. Os estofados aparecem nos teatros áulicos das cortes, no Setecentos, e continuam até hoje no comfort da Sociedade de Consumo.
>
> A cadeirinha de madeira do Teatro da Pompeia é apenas uma tentativa de devolver ao teatro seu atributo de "distanciar e envolver", e não apenas sentar-se[23].

As cadeiras estão lá até hoje. Trinta anos de uso ininterrupto, e ninguém mais fala em mudanças. O teatro do Sesc Pompeia vive lotado e é muito disputado por músicos, performers e atores.

4. Um dos espaços mais importantes e amplos do conjunto foi destinado às atividades gerais de convivência. Poucos móveis – também desenhados e executados na própria obra – em um grande descampado de 2 mil

---

23 Marcelo Ferraz (Org.), *Lina Bo Bardi*. São Paulo: Empresa das Artes; Instituto Lina Bo e P. M. Bardi, 1993, p. 226.

metros quadrados. André Vainer e eu, arquitetos colaboradores de Lina, desenhávamos tudo, mas não nos conformávamos com a "escassez de elementos novos", ou com a falta de uma intervenção contundente no antigo galpão. Afinal, naquele momento, imaginávamos que o arquiteto sempre tem que "meter a mão pesada", deixar sua marca (infelizmente, muitos arquitetos ainda hoje pensam e atuam dessa maneira. Não sabem que existe o momento de aparecer e o momento de desaparecer).

Mas voltando ao nosso projeto... Lina nos tranquilizou dizendo: "um pouquinho de água, um foguinho e está tudo resolvido. As pessoas se juntam à volta desses elementos para brincar, conversar ou simplesmente observar". E assim foi. Este é um dos espaços mais comoventes, do centro, e um dos mais utilizados; o espaço do "nada fazer".

5. Como dito anteriormente, a primeira etapa do Sesc Pompeia ficou pronta em 1982. Fizemos uma inauguração muito bonita. Era a entrega de um novo Centro de Lazer para a cidade de São Paulo! Nesse momento, Lina se colocou como uma verdadeira diretora de teatro ou de orquestra. Pensou e projetou os mínimos detalhes da festa: os roteiros de entrada, a música, as falas e, principalmente, a comida. Sim, Lina sabia que o mundo sempre girou em volta de uma mesa, farta e bonita. Pois bem, ela escolheu, ou projetou, o menu. Eram comidas brasileiras que estavam quase esquecidas; os pratos tinham cores variadas e nomes poéticos. Uma verdadeira instalação seguida de um *happening*: o próprio banquete.

Relembro esse caso para que o raio de atuação ou a abrangência do trabalho de um arquiteto como Lina possa ser visto. Tudo era projeto!

6. Agora vou contar duas passagens relativas aos blocos esportivos, à parte nova do conjunto. A antiga chaminé da fábrica, em tijolos aparentes, fora demolida um pouco antes de nossa chegada. Devo esclarecer que a ideia inicial do Sesc era demolir todo o conjunto fabril e construir novos edifícios. A mudança de planos se deu após o convite para que Lina conhecesse e fizesse uma avaliação. A decisão, claro, foi manter a velha fábrica. Mas não tivemos tempo de salvar a chaminé. Lina resolveu, então, que a nova caixa-d'água deveria ser o novo marco vertical, em substituição à chaminé demolida; uma característica de toda indústria.

Projetamos uma torre com setenta metros de altura. Os engenheiros queriam utilizar formas de aço deslizantes, como é de costume. Lina, por seu lado, não queria uma coisa comum, igual a todas as torres de todas as fábricas de hoje, lisas, sem personalidade. Queria uma torre marcada pelas etapas da concretagem, com "rendas ou bordados" resultantes do processo. Instala-se no canteiro uma enorme discussão que toma dias, ou semanas: de um lado, a engenharia dizendo ser mais rápida e econômica a solução em aço; do outro, Lina buscando algo diferente, mas ainda pouco definido. Solicitamos a permissão para fazer uma experiência – um protótipo – com madeira de obra e pedaços de pano (sacos de estopa baratos, utilizados para transportar batatas). O protótipo funcionou; convencemos os engenheiros a seguir nosso método. Com apenas dois conjuntos de formas de madeira, dez vezes mais baratas do que as formas de aço, realizamos os setenta metros da caixa-d'água em setenta dias. Com os panos enfiados no fundo das formas antes de cada concretagem, obtivemos o resultado que queríamos, de um rendado. "Uma homenagem a Luis Barragán e suas Torres Satélite, na cidade do México", declarou Lina.

7. Ainda sobre o projeto do conjunto esportivo. Eu estava em minha prancheta desenhando as fachadas do grande edifício das quadras que, até aquele momento, tinham janelas retangulares. Lina acabara de chegar de uma viagem ao Japão, cheia de ânimo e de novas ideias, fascinada pela cultura daquele país. Ela me deu um croqui e disse: "Vamos modificar, vamos experimentar uns buracos irregulares mais ou menos assim". Parti imediatamente para as novas formas. Ao final do desenho, ainda em lápis, chamei Lina e disse: "Ficou incrível, nunca vi uma coisa assim." Ela me respondeu com uma pergunta: "Nunca? Pois eu também não. Vamos fazer assim."

Esses são alguns traços de Lina Bo Bardi no seu exercício apaixonado de criar. Uma mulher livre, rigorosa, original, generosa, divertida, dura e imprevisível. Uma grande humanista.

Sua arquitetura nasce da sua capacidade de entender os anseios e as demandas das pessoas; das mais evidentes àquelas quase invisíveis; das técnicas às poéticas.

Gostaria de concluir com uma citação de Lina que evidencia seu repúdio por todo trabalho desvinculado da realidade da vida: "O desenho industrial e a arquitetura de um país, ou lugar, baseados sobre o nada, são nada."[24]

---

24 Lina Bo Bardi, *Tempos de grossura: O design no impasse*. Org. de Marcelo Suzuki. São Paulo: Instituto Lina Bo e P. M. Bardi, 1994.

Pequeno relato sobre duas cadeirinhas

2013

EM 1986, LINA BO BARDI, MARCELO SUZUKI E EU iniciamos um grande e ambicioso trabalho de recuperação do Centro Histórico de Salvador. Juntamente com Roberto Pinho, secretário municipal de Projetos Especiais, e o prefeito Mário Kertész, armamos um irrecusável convite para que Lina iniciasse sua segunda e profícua etapa de trabalho na Bahia, que durou até 1990[25].

Nesse mesmo ano, encorajados e incentivados por Lina, Francisco Fanucci, Marcelo Suzuki e eu – sócios do escritório Brasil Arquitetura – resolvemos criar uma marcenaria, a Baraúna, para executar trabalhos de qualidade no campo do mobiliário.

Havíamos acabado de inaugurar o Sesc Pompeia, e o gosto pelos projetos e pela execução de móveis em madeira ainda estava fresco. Lina, apesar de incentivar esse novo projeto, nos alertava sobre possíveis frustrações comerciais e de plágios, como as que teve com sua própria marcenaria, a Pau Bra, nos anos 1950.

---

25 A primeira foi de 1958 a 1964, quando criou o Museu de Arte Moderna da Bahia (MAM Bahia), instalado no foyer do Teatro Castro Alves, e o Museu de Arte Popular, instalado no Solar do Unhão.

Começamos os projetos para Salvador e, inevitavelmente, chegamos ao momento de definir o mobiliário para alguns deles, como o restaurante da Casa do Benin e o Teatro Gregório de Mattos.

O fato é que Lina não gostava de nada que via no mercado naquele momento. Foi aí que pensamos em repetir o método utilizado no Sesc Pompeia, de projetar parte do mobiliário também para os projetos de Salvador.

Lina, depois de muita resistência e sempre repetindo que o *industrial design* havia morrido[26], enfim concordou em projetar móveis novamente e topou pensar em algo inédito para os novos espaços da Bahia.

Começamos por estudar os móveis de Alvar Aalto: os famosos banquinhos de três pés, geniais e universais. Mas Lina, apesar de também achá-los ótimos, manifestava certa implicância: "São móveis de sanatório", dizia. Afinal, eles haviam sido exaustivamente utilizados no projeto do Sanatório de Paimio, na Finlândia.

Tomamos esses banquinhos como base de uma nova cadeira, que mais adiante se tornaria a Girafa. Adaptamos o compensado para a madeira maciça brasileira, mais resistente e pesada, e trabalhamos por meses em desenhos e inúmeros protótipos em nossa Baraúna.

Nosso grande teste para os novos móveis foi sentir a reação dos amigos e clientes da Bahia. Roberto Pinho logo se encantou com a Girafa e fomos ao prefeito entregar o primeiro protótipo acabado. Sucesso total! Apresentamos também a mesma cadeira a Pierre Verger, Arlete Soares e autoridades do Benin, que estavam de passagem por São Paulo para tratativas sobre a montagem da Casa do Benin. Foi nesse momento, aliás, que nasceu o nome Girafa.

A marcenaria já estava quase que integrada no processo de criação da equipe de Lina. Apesar disso, ela seguia dizendo, bem à sua maneira:

---

26 No pós-Segunda Guerra Mundial, com a forte influência norte-americana na área do design, o ideal do bem durável é substituído definitivamente pela invasão do bem de consumo, do objeto descartável. Lina, desiludida, resolve sair de cena no final dos anos 1950 e para de projetar móveis. O sonho dos modernos de que o *industrial design* iria "salvar o mundo" havia acabado. Mas é preciso lembrar que o contato de Lina com a arte popular nos anos em que viveu na Bahia (1958 a 1964) reafirmam seus ideais modernos e a afastam definitivamente dos rumos que a produção industrial tinha tomado, de molde ocidental europeu-americano, sem conexão com a formação cultural brasileira. Lina, em um de seus escritos, diz que: "O Brasil é mais África e Oriente do que Ocidente. E Portugal não é meramente Europa, é um país atlântico".

"É melhor desistirmos. Vamos comprar umas cadeiras na Baixa dos Sapateiros e está tudo resolvido!"

Com relação à cadeira Frei Egídio, não foi diferente. Como deveria ser dobrável e leve, para ser facilmente transportável pelos espectadores do teatro, pensamos logo, como base inicial, nas cadeirinhas que utilizávamos todos os dias para trabalhar em volta da mesa de mármore da sala de jantar da Casa de Vidro: as "fiorentinas", do século XV. Essas também foram transformadas popularmente nos banquinhos de bares de beira de estrada, não só no Brasil, mas em muitos outros países.

Lina, mais uma vez, alertava que já havia tentado desenvolver algo contemporâneo a partir das tais cadeiras, mas que não havia conseguido e que estávamos perdendo tempo.

A essa altura, felizmente, já éramos "calejados" no modo de trabalho de Lina com seus colaboradores: um toque negativo servia sempre como um desafio. Algo como "se vocês quiserem ir adiante, ok, mas eu estou avisando que não vai dar certo".

Pois tomamos o desafio.

Nesse caso, o desafio de desenhar e executar a cadeira Frei Egídio, o que foi ainda mais difícil e complicado. Chegamos mesmo a desistir, por certo tempo, porque todas as experiências falhavam. Ora a madeira era inadequada, ora as dimensões estavam erradas ou a ferragem não funcionava... dificuldades não faltaram.

O problema maior, no entanto, estava na geometria. Era o desenho que deveria ser mais e mais aprimorado e estudado para que uma cadeira dobrável, quando dobrada, fosse reduzida a mínimas dimensões e volume.

Passamos a desenhar em escala 1:1, dentro da oficina, quase que fundindo papel com madeira. Havíamos conseguido reduzir as muitas ripinhas da antiga cadeira florentina, nosso objeto de "inspiração", para três gomos somente, transformando uma cadeira de aparência antiga numa cadeira contemporânea mais próxima de um objeto japonês, pela simplicidade formal e síntese construtiva.

Fomos para Salvador e, pouco tempo depois, apresentamos a cadeira. Foi uma surpresa porque, além de terem gostado, toparam utilizá-la no Teatro Gregório de Mattos, mesmo sendo em madeira pura e dura, em tempos de estofados e "pseudo *comfort*", como dizia Lina.

O nome Frei Egídio é uma homenagem ao frade franciscano que, apresentado por Edmar de Almeida, convidou Lina para projetar a igreja de Uberlândia, hoje uma joia de arquitetura tombada como patrimônio histórico do estado de Minas Gerais.

Na sequência da experiência que tivemos com a apresentação dos móveis em Salvador e em São Paulo, decidimos (os três) que definitivamente poderíamos produzir essas duas cadeiras na Marcenaria Baraúna.

Nessa época, a marcenaria experimentava diversos protótipos e prestava serviços para Lina e seus projetos, como foi no caso do Centro Social de Cananeia, em que, além das cadeiras Girafa e Frei Egídio, Lina nos pediu também para reproduzir alguns dos móveis do Sesc Pompeia. Não é demais lembrar que o marceneiro que nos havia acompanhado no projeto do Sesc Pompeia, Adelino Rubio, passou a ser nosso chefe de oficina na Baraúna.

Incentivados por Lina e pelo professor Pietro Maria Bardi, passamos a publicar as cadeiras em diversas revistas e jornais. Abrimos nosso showroom em 1989, com a presença de Bardi, e fomos brindados com um belo artigo seu na revista *IstoÉ*, elogiando nosso trabalho.

Em 1990, iniciamos o projeto para a nova sede da Prefeitura de São Paulo – Lina, André Vainer, Marcelo Suzuki e eu. Desenhamos e fabricamos na Marcenaria Baraúna, que nesse momento funcionava como um braço experimental do escritório, todo o mobiliário, com destaque para a mesa gigante do Salão Azul. Os projetos de mobiliário estavam de volta ao métier de Lina, contrariando sua repetida ladainha de abandono do campo do *industrial design*. E vale dizer que esses projetos de arquitetura é que alavancaram e justificaram sua volta a esse campo.

As cadeirinhas foram desenhadas e materializadas a partir das necessidades práticas desses projetos; duas respostas às dificuldades e desafios que enfrentamos ao longo de quinze anos de intenso trabalho colaborativo.

Lelé: arquitetura, indústria e poesia

2014

O BRASIL ESTÁ MAIS POBRE. Morreu João da Gama Filgueiras Lima, o Lelé. Figura mítica pelo seu caráter e comportamento franciscano, Lelé encarnou o ideal do arquiteto completo, dos primeiros sonhos que embalam o bom projeto ao rigor da construção e controle industrial de qualidade. Transitou como poucos entre a arte e a técnica, exercendo a profissão com extrema coerência, objetividade e apuro técnico, sem deixar de lado a poética. Tomou a arquitetura como ferramenta de atuação e transformação do mundo, na busca de conforto para as pessoas e para comunidades inteiras, até cidades.

Um apaixonado pelo Brasil, Lelé trabalhou de norte a sul, leste a oeste, tentando dar um jeito nos nossos problemas e carências. Mas parece que o Brasil não quis entendê-lo, ou não fez por merecer sua dedicação e talento, tantos foram os "tombos" que ele tomou, as interrupções de trabalhos, as promessas não cumpridas etc. Lelé costumava dizer que andou de fracasso em fracasso, entre inúmeros golpes que sofreu na profissão. Golpes quase inevitáveis para um profissional que opta por trabalhar com o poder público e que luta por um país melhor e mais justo.

Em um país com as dimensões e as carências do Brasil, Lelé nos apresentou as soluções da construção pré-fabricada, seriada, da mais alta tecnologia, aliada à mais sofisticada simplicidade, com as quais poderíamos, em largos passos, alcançar um patamar superior em termos de qualidade e conforto na vida de nossas cidades. Talvez tenha sido o arquiteto que levou mais longe levou as propostas do Movimento Moderno, de fazer uma arquitetura visando mudar o mundo para melhor.

Essa, provavelmente, seja a via mais digna de se viver uma profissão em seus ideais mais utópicos, pautados no fundamento de construir, edificar, "transformar imundo em mundo", como diria o professor Agostinho da Silva, brilhante filósofo e amigo de Lelé. E foi exatamente o que Lelé fez em toda sua vida. Assim foram suas intervenções nas favelas do Rio de Janeiro e de Salvador nos anos 1980, com peças pré-moldadas de concreto e argamassa armada para canalizações de córregos, escadarias drenantes, tubulações de lixo, casas da comunidade e pequenas escolas.

Lelé foi parceiro de Lina Bo Bardi em algumas das obras mais corajosas da arquiteta em termos de intervenção no patrimônio histórico – a recuperação do Centro Histórico de Salvador – com a adoção da tecnologia de argamassa armada desenvolvida por ele na Faec. Alguns projetos-piloto foram realizados, como a Casa do Benin, a Casa do Olodum e a ladeira da Misericórdia – este último, concluído em 1989, foi imediatamente abandonado e nunca chegou a funcionar. Poderíamos atribuir esse abandono, essa incapacidade de uso, à ousadia e radicalidade do projeto, que expõe de forma escancarada tempos arquitetônicos distantes duzentos anos ou mais? Nem a administração pública, nem a academia e os órgãos de preservação do patrimônio conseguiram digerir tal proposta. Ficamos com o silêncio da incompreensão.

Os projetos de Lelé para as passarelas de Salvador são dignos de todos os prêmios de design pela leveza estrutural, economia e coerência entre forma e função. São também dignos de todos os prêmios de urbanismo pelo acerto em cada implantação, conectando o que parecia distante e inacessível, ligando cumeadas, rompendo barreiras – vales, córregos e avenidas. São passarelas cobertas, numa cidade de muita chuva e sol inclemente! As passarelas coloridas criadas por Lelé constituem hoje o melhor cartão-postal da Salvador moderna.

Num país com a escala do Brasil, o trabalho de Lelé é tudo de que mais precisamos: do projeto à produção industrial, da criatividade ao respeito aos trabalhadores. Todos os seus atos e criações primam pela qualidade, palavra essa que parece ter desaparecido do vocabulário da construção civil. Os hospitais da Rede Sarah são uma prova que a arquitetura pode ajudar a minimizar a dor e o sofrimento das pessoas quando idealizada sob a medida das necessidades, da compreensão profunda dos problemas e, principalmente, quando concebida com humanidade.

Lelé poderia resolver grande parte de nossos problemas habitacionais com seu talento e conhecimento, e até tentou, há pouco tempo, com uma proposta para o programa Minha Casa, Minha Vida. Mas não foi adiante. Somou mais um golpe em seu currículo.

Ser o país do desperdício parece ser nossa sina desde os tempos de colônia. Desperdiçamos também muito do que Lelé poderia nos oferecer. Para muitos, ele passou a vida dando "pérola aos porcos", tantas foram as amarguras e incompreensões encontradas. Mas sua arquitetura luminosa, plantada em todo o país, feita com tanta garra e persistência, prova que não foi assim. É exemplo de soluções, verdadeiras saídas para um mundo superpopuloso, conturbado e ainda extremamente injusto.

Sem Lelé, o Brasil está mais triste.

Lina
e o
design
2014

O VERDADEIRO DESIGN, no significado mais completo e rico do termo, é aquele que dá sequência à mão humana na invenção de instrumentos, ferramentas e artefatos que facilitam a vida, trazendo conforto aos homens, buscando sempre o menor esforço e a economia de energia de toda ordem. É um produto da inteligência e do conhecimento acumulado pelo ser humano ao longo de milênios.

Podemos acompanhar a evolução da história da humanidade através do design de cada época e de cada povo, em todo e qualquer rincão do planeta. Por que, então, nas últimas décadas, esse termo vem perdendo seu valioso e abrangente significado e passou a ser utilizado quase que somente para designar algo exclusivo, destacado da vida da maioria, para privilégio de poucos? Por que o termo "design" passa a ser vinculado estritamente ao consumo e ao mercado de objetos, perdendo seu significado de projeto?

Lina Bo Bardi, em sua experiência no Nordeste brasileiro, mais especificamente na Bahia do final dos anos 1950 e início dos anos 1960, ousou escarafunchar o mundo da produção artesanal (ou pré-artesanal, como ela preferia chamar) e trazê-lo para o centro da discussão sobre a produção contemporânea da indústria brasileira. Levantou questões como: quais são as bases socioculturais de nosso país? Que design produzimos? Que design poderíamos produzir? Que design deveríamos produzir?

Procurou dar respostas a essas questões à luz do que ela chamava "uma leitura semiótica da realidade". Uma análise das condições de produção em paralelo às condições de vida de uma população pobre, de origem rural, de pequenas cidades ou que vive nas periferias do que viriam a ser as metrópoles de hoje. Uma população cheia de "energia vital", sonhos e desejos de construir uma vida melhor, de um mundo mais confortável; uma população que dá provas de resistência às injustiças sociais e, principalmente, às adversidades da carência gerada pela seca e pela má distribuição da renda, justamente através de seu design. Na produção de seus objetos e de seu habitat dá provas de que não renuncia à sua condição humana de estar e de construir o mundo ao seu modo. Isso é o que São Paulo pode ver no trabalho que Lina Bo Bardi trouxe do Nordeste para as exposições *Bahia no Ibirapuera* (1959), na Bienal, e *A mão do povo brasileiro* (1969), no Masp.

Fica muito claro que o contato de Lina com toda a produção popular do Nordeste a obriga a rever completamente seu ideário e seus conceitos sobre o design e a indústria: tanto para quê como para quem servem. Toda sua formação italiana, nos modelos racionalistas e funcionais, é colocada à prova e questionada, quando confrontada com uma realidade tão forte, urgente e esgarçada. Uma realidade em que os parcos recursos não subtraem sua poética e que tem na ética uma estrada sólida; uma realidade em que o desejo estético aflora a cada criação, em cada objeto, em que o utilitário e o decorativo se fundem em unidade indissociável.

Lina inaugura em 1962 o Museu de Arte Popular da Bahia, no Solar do Unhão, com uma bela exposição chamada *Nordeste*. Seu texto de abertura é um verdadeiro manifesto em defesa de uma nova ordem na criação e produção do design no Brasil. Um contundente e verdadeiro apelo, um "abrir os olhos" aos criadores e detentores dos meios de produção e aos pretendentes criadores. Vale a pena lembrar algumas passagens desse texto[27]:

---

27 Catálogo da exposição *Nordeste,* Salvador, Museu de Arte Popular do Unhão, 1963.

Matéria-prima: o lixo.

Lâmpadas queimadas, recortes de tecidos, latas de lubrificantes, caixas velhas e jornais.

Cada objeto risca o limite do "nada" da miséria. Esse limite e a contínua e martelada presença do "útil" e "necessário" é que constituem o valor desta produção, sua poética das coisas humanas não gratuitas, não criadas pela mera fantasia. É nesse sentido de moderna realidade que apresentamos criticamente esta exposição. Como exemplo de simplificação direta de formas cheias de eletricidade vital. Formas de desenho artesanal e industrial. Insistimos na identidade objeto artesanal-padrão industrial baseada na produção técnica ligada à realidade dos materiais e não à abstração formal folclórico-coreográfica. Chamamos este Museu de Arte Popular e não de Folklore, por ser o folklore uma herança estática e regressiva, cujo aspecto é amparado paternalisticamente pelos responsáveis da cultura, ao passo que a arte popular (usamos a palavra "arte" não somente no sentido artístico, mas também no de fazer tecnicamente), define a atitude progressiva da cultura popular ligada a problemas reais [...].

Esta exposição é uma acusação.

Acusação dum mundo que não quer renunciar à condição humana apesar do esquecimento e da indiferença.

Com o golpe militar de 1964 e o início de um período ditatorial que durou vinte anos, todas as apostas de Lina vão por água abaixo. Ou melhor, o Brasil toma outro rumo, diametralmente oposto ao que ela vislumbrava em relação à sua produção industrial, ao seu design: em vez de investir e apostar em soluções autóctones e afeitas aos brasileiros (respeitadas as ricas diversidades geográficas e humanas), adotamos modelos importados, de fácil consumo e assimilação, de acordo com padrões mais americanizados de vida e de comportamento. Nosso design passa rapidamente a seguir e servir a um novo modo de vida, a um novo modo de produção, de consumo rápido e descartável.

Lina abandona o chamado design de objetos e mobiliário depois da experiência no Nordeste, brutalmente interrompida e abortada. Deixa para trás suas incursões de longa data na produção de cadeiras (de madeira, metal, couro etc.) como objetos para o mercado. E não poderia ser diferente. Ela foi muito coerente com suas descobertas, ou redescobertas, do verdadeiro significado do design, devido à proximidade que teve com a produção popular, seu senso estético e o "verdadeiro sentido das coisas". Para Lina, ficou muito evidente que só faz sentido projetar (*to design*) aquilo que traz uma demanda – seja de uso, seja poética. Algo que é útil e serve, tem sentido de existir. Isso ela viu de perto no mundo da arte popular, do pré-artesanato do Nordeste, na vida das pessoas. E se negou a voltar a pensar em mais objetos para o mercado, quase sempre tão manipulado e falseado pelos jogos de marketing e propaganda. Nesse momento ela projeta a famosa cadeira Tripé de Beira de Estrada como protesto.

Somente nos anos 1980 Lina volta a desenhar móveis, mas especificamente para seus projetos arquitetônicos em curso, como o Sesc Pompeia, as igrejas de Uberlândia e Ibiúna, o Centro de Convivência de Cananeia e as intervenções no Centro Histórico de Salvador. Sua justificativa era de que esses móveis eram também parte da arquitetura, completavam-na.

Essa faceta designer de Lina é muito elucidativa do rigor profissional que sempre a acompanhou. Mais ainda, do sentido político da profissão, que tem em seus fundamentos o ideal de servir ao outro, de resolver com a técnica e os meios disponíveis os problemas práticos e "espirituais" da vida, do dia a dia: criar.

Seu trabalho está em poucos, mas fortes projetos. Sua história já é bastante conhecida e contada. Seu exemplo ainda vive. O mundo continua carente de conforto, de soluções inteligentes e econômicas que se ajustem a grandes contingentes de população, que carecem de tudo. O mundo continua injusto, e o design, na visão de Lina, não poderia servir a outro ideal a não ser diminuir a injustiça no planeta. Temos muito o que fazer.

Arquitetura expositiva de Lina

2014

É IMPORTANTE PENSAR QUE UMA BOA EXPOSIÇÃO, ou expor bem um objeto, é fazer acender a luz que esse objeto contém, mas que não está acesa, está apagada. Penso que Lina Bo Bardi sabia fazer isso com maestria, quero dizer, sabia fazer essa coisa quase mágica de provocar impacto, que é necessário em toda exposição. Fazia isso ou pela associação de objetos e desenhos, de coisas; ou pelo acúmulo de coisas; ou pelo isolamento, que também era uma forma muito interessante.

As exposições, principalmente as que ela fez no Sesc Pompeia – e que são, de certa maneira, herdeiras, ou vêm na sequência, das exposições que ela fazia no Unhão na Bahia – são exposições que tiram do "apagamento" o objeto sem nenhum valor, um objeto popular, um objeto que está em qualquer lugar da cidade ou do campo, e faz esse objeto brilhar, faz esse objeto acender uma luz.

Esse é um trabalho que vai muito além da simples exposição ou da maneira de expor. É fazer com que as pessoas se vejam, se reconheçam, reconheçam a sua própria cultura e o valor dela. Aí é que está a chave. Lina não fazia uma exposição, ela não fazia exposições.

Fazia movimentos, movimentos políticos de criar nas pessoas forças para que as culturas se falassem, aparecessem, entrassem em cena.

Eram manifestos. Todas as exposições da Lina – é interessante pensar –, todas elas tinham um texto seu de abertura, o que era muito importante. Cada exposição tinha um texto claro, contundente, uma bomba. Era uma bomba o que ela escrevia, um manifesto, no qual estava toda a justificativa, todo o sentido de ter feito aquilo, por que fez a exposição daquela maneira, por que escreve sobre aquilo. São textos maravilhosos, sintéticos, com uma capacidade de comunicação incrível. Seus textos se comunicam com crianças, com velhos, com jovens... Isso era outra característica dos trabalhos da Lina: não havia separação entre analfabeto e doutor, nem entre uma criancinha e um ancião. Todos podiam entender, a comunicação era plena. E o que é uma exposição senão uma forma de comunicação?

Quando Lina fez a exposição *Bahia no Ibirapuera* (1959), antes d'*A mão do povo brasileiro* (1969), ela tinha viajado, em 1958, para a Bahia, e descobriu todo aquele mundo. Ela depara com tudo aquilo e fala: "Vou levar isto para São Paulo, e vou levar isto para a Bienal". Ela enfia "goela abaixo" de São Paulo aquele doce da Bahia: "Vou mostrar o que é cultura forte para vocês aí no Ibirapuera, aí na Bienal". Lina usa o pavilhão ao lado da Bienal, onde hoje está o Museu de Arte Moderna de São Paulo (MAM), para fazer essa grande exposição. Ela foi tão rápida, tão ágil em querer mostrar. Trouxe o que ela viu na Bahia, o que rapidamente percebeu ao frequentar os terreiros de candomblé. Colocou folhas de pitanga no chão da exposição. Você imagina botar folha de pitanga dentro de um museu, as pessoas andavam, pisavam, e subia o cheiro de pitanga. Lembro-me de alguns professores meus da Faculdade de Arquitetura, da FAU-USP, o Abrahão Sanovicz e o Júlio Katinsky, contando que, quando viram essa exposição, *Bahia no Ibirapuera*, tiveram um choque total. Eles estavam aqui olhando para a Europa, para aquela coisa francesa, os objetos, as exposições, Picasso, isso e aquilo, e, de repente, ela vem com uma coisa que podia ser humor, podia ser um Picasso, umas esculturas do Picasso, mas feitas pelo povo do Recôncavo Baiano, feitas pelo pessoal de Pernambuco, e ela põe tudo isso na Bienal. Aquilo abriu um mundo gigantesco. É como se dissesse: "Opa, o Brasil é muito mais do que isso que acontece aqui em São Paulo". Depois, Lina repete isso n'*A mão do povo brasileiro*, na inauguração do Masp, e bota de novo esse mundo lá. As exposições dela eram altamente políticas nesse sentido, do melhor que se pode tirar do ser político.

Acho que Lina, depois de ter passado pelo Unhão, pelo Masp, alcança uma maturidade, suas ideias estão muito mais claras e com muito mais força para fazer aquilo de que ela gostava e em que acreditava, somente. É uma experiência que, de certa maneira, pega tudo o que ela havia feito de bom, o que ela acreditava, para repetir, para retomar no Sesc.

A intenção dela era mostrar, nessas exposições, a diversidade e a riqueza do mundo em que as pessoas viviam. Então, na exposição *Design no Brasil: História e realidade* (1982), por exemplo, Lina expõe objetos incríveis do Brasil pré-industrial – século XIX, começo do século XX –, como gamelas, alambiques, peças de madeira, rodas, de um lado e, do outro, quase que em confronto frente a frente, expõe a produção industrial brasileira. Quem entendeu, entendeu; quem não entendeu, viu, sentiu. Aí está um discurso muito forte e político de Lina, dizendo assim: "Olha o que nós produzimos hoje e olha o que a gente já produziu antes mesmo de ter indústria, a capacidade que o Brasil já teve de fazer coisas incríveis. Será que a nossa indústria está à altura do que já foi feito?".

Isso aconteceu na *Caipiras, capiaus: Pau a pique* (1984), quando trouxemos um senhorzinho do sul de Minas, que morava numa casa de pau a pique e falamos: "O senhor vai construir esse mundo lá". Íamos dirigindo, de certa maneira; Lina tinha uma capacidade muito grande de dirigir equipe, dirigir montagens, tinha um talento especial para isso. Ela foi dirigindo e ele ia reconstruindo, ela foi dando corda para ele fazer a casa, fazer o chiqueiro, fazer o galinheiro, fazer o alambique...

Na exposição *Mil brinquedos para a criança brasileira* (1983), a intenção também era essa: mais do que mostrar o brinquedo, era mostrar o brincar. Aquilo que estava ali na exposição era para ilustrar o que as crianças fazem, o que as crianças usam para preencher o seu dia e o seu tempo, de uma maneira criativa. Nela também existia um confronto entre o brinquedo popular, o brinquedo antigo, feito com quase nada – apenas com um fio de linha e um pedaço de pau, que empurra uma rodinha, uma câmara de ar, ou uma roda de bicicleta sem pneu –, coisas desse tipo que você encontra em qualquer lugar do Brasil ou do mundo, e ela confrontava com a indústria de brinquedo brasileiro. Nisso havia um choque fortíssimo.

Lina estava sempre armada, eram essas as suas armas, e lutava para que o mundo fosse transformado, de preferência, para melhor.

Lina encontra Oscar

2015

O BRASÍLIA PALACE É TESTEMUNHO DE UMA ÉPOCA em que foi possível inventar e concretizar um hotel com conforto e beleza, sem repetir o padrão internacional de hotéis urbanos que hoje predomina mundo afora. Seu projeto, partindo da arquitetura racional e moderna, passando pela arquitetura de interiores, até chegar ao mobiliário, representa justamente a ousadia de uma proposta que respondeu a um programa de necessidades universal de hotelaria, mas com soluções brasileiras, descolonizadas, com grande vigor e frescor.

Do afresco de Athos Bulcão, na sala de estar, e do painel em mosaico de Paulo Werneck, no saguão de entrada, às cadeiras Womb Chair, de Eero Saarinen, e Bardi's Bowl, de Lina Bo Bardi, tudo emanava um despojamento sofisticado, característico de um design que atendia a funções e usos, aquilo que se chamou até há pouco, com muita honra e sem nenhum demérito, de arte aplicada. Basta lembrar os trabalhos de Frank Lloyd Wright ou Alvar Aalto, que também utilizaram uma gramática internacional, adequada às demandas dos novos tempos, mas com personalidade própria, original.

A cadeira de Lina, desenhada em 1951, ousada e moderna até hoje, teve no Brasília Palace (1957) sua estreia em espaços de uso público, com alguns exemplares dispostos pelo saguão de entrada. Segundo Lina, ela foi também utilizada no Palácio da Alvorada – e continua sendo produzida atualmente, mais de seis décadas depois.

Poucos anos após a inauguração de Brasília, Lina escreveu uma carta como réplica a uma crítica publicada pela revista italiana *L'Architettura: Cronache e Storia* (1964), em que a cidade fora condenada por seu suposto perfil fascista e sua estética "lunar". Nela disse:

> A fragilidade dialética de Brasília é apenas a fragilidade de hoje. A pesada alternativa de toda a cultura atual: uma cultura pobre – milhões de homens desesperados, prontos para o ataque –, uma herança totalmente desmitificada – um mundo totalmente nu, seco, feito de milhões de homens, sem arrebatamentos, sem saídas. O problema de todos, hoje, é o de construir, com esse pobre material, uma cultura[28].

Atualmente, com o hotel recuperado e em pleno funcionamento, outras peças do mobiliário brasileiro vêm "povoar" seus espaços, como a poltrona Dinamarquesa, do polonês naturalizado brasileiro Jorge Zalszupin, ou a poltrona Odilon, do brasileiro Sérgio Rodrigues, além de uma longarina de cinema original dos anos 1950, da Companhia Industrial de Móveis (Cimo). A cadeira de balanço de Oscar Niemeyer, a Rio, ocupa seu lugar de destaque.

Todo esse mobiliário, originalmente escolhido para o hotel, tem em comum com a arquitetura do conjunto um ideário que se traduz na combinação de liberdade de criação com rigor técnico, generosidade de propósitos com economia de meios. Ao largo da moda ou de qualquer conceito de estilo – atributos perecíveis –, arquitetura e design se ajustam e sobrevivem ao tempo. Lina e Oscar se encontraram nesse projeto.

---

28 Alberto Xavier; Julio Roberto Katinsky (Orgs.), *Brasília: Antologia crítica*. Coleção Face Norte, v. 14. São Paulo: Cosac Naify, 2012, p. 135-136.

Masp:
coreografia expositiva
2016

MUITO TEMOS A COMEMORAR com a volta da museografia de Lina Bo Bardi ao segundo andar da pinacoteca do Masp. Com ela, também voltou a luz natural, que havia sido banida do museu em 1996, abrindo uma temporada de trevas que durou dezenove anos. Podemos afirmar que duas gerações foram privadas de usufruir e conhecer uma proposta única, ousada e original no modo de expor obras de arte, diferente de todas as instituições mundo afora.

Os famosos – e polêmicos – cavaletes de concreto e vidro projetados por Lina para expor as pinturas da coleção na nova sede do museu, inaugurada em 1968, aboliram em definitivo as paredes como suportes. Tiraram as obras do plano bidimensional para colocá-las "soltas" e livres no espaço, criando uma coreografia expositiva em que os quadros parecem bailar acima do solo, em um espetáculo único. Ousado foi também colocar os grandes mestres da pintura e da escultura, independente de sua época, estilo ou escola, juntos no "palco", atuando em um grande concerto.

Lina, apoiada por seu marido Pietro Maria Bardi, criador e diretor do Masp por mais de quarenta anos, parece ter levado às últimas consequências a máxima do poeta e agitador Vladímir Maiakóvski, de que "havia chegado a hora de derrubar as paredes dos museus", não só libertando as obras de arte, mas liberando-as ao grande público, não iniciado.

O cavalete de vidro funcionou nos dois intentos. Primeiramente, como dito, criando um "oceano" de pinturas a flutuar no espaço, um verdadeiro choque para quem adentra a pinacoteca pela primeira vez. Em segundo lugar, não menos importante, o verso dos cavaletes também cumpria uma função: nele se abriga toda informação necessária sobre a obra exposta, inclusive o título e nome do autor, para que o visitante não se sentisse obrigado a gostar deste ou daquele simplesmente pelo nome que traz na legenda.

É uma espécie de exercício educativo que prima pela liberdade de quem aprecia. Não nega informação, mas não deixa que ela se sobreponha à fruição livre de cada indivíduo. Quem quer saber mais sobre a obra, o artista, a escola e sua época vai ler a informação na traseira dos quadros. Ali, ele encontra os chamados painéis didáticos criados pelo professor Bardi e por Lina. O casal acreditava ser primordial a função educativa de todo museu. Num país jovem, com tantas carências na educação como o Brasil, essa função é ainda redobrada. Os painéis didáticos foram criados com o intuito de formar e informar, e dedicados sobretudo aos não iniciados. Infelizmente, esses ainda não voltaram a ocupar seus lugares.

Aguardamos ansiosos a volta dos painéis didáticos ao verso dos cavaletes de vidro para comemorarmos, ainda mais, a recuperação de um projeto tão necessário nos dias atuais: um projeto humanista.

Desenho, projeto, arquitetura...

2017

"POR FAVOR, desenhe uma mão com os dedos dobrados e o indicador apontando em uma direção para fazermos as placas indicativas de sinalização de banheiros, saídas etc.", me pediu Lina Bo Bardi. Eu, acanhado em meus primeiros dias de estágio, e mais acanhado ainda por "não saber" desenhar e ter que expor meu "feio" desenho, titubeei como que me negando a executar a tarefa. Lina volta-se para mim e diz: "Se você não desenhar, eu vou fazê-lo. E olha que eu desenho muito bem. Vamos lá, faça o *seu* desenho." Tomei coragem diante da ameaça e desenhei uma mão que, em seguida, virou modelo para as placas de comunicação visual do canteiro de obras do Sesc Pompeia. Estávamos em 1977 e eu, ainda estudante, acabara de ser aceito como estagiário colaborador de Lina Bo Bardi. Foi o começo de uma epopeia que duraria nove anos – a realização do conjunto do Sesc –, e de uma convivência de trabalho e amizade de quinze anos, até sua morte em 1992.

Conto esse fato para mostrar que o gesto de Lina – me "forçar" a fazer o "meu" desenho – estava carregado de uma intenção educativa e libertadora, que me dizia algo como: todos podemos nos expressar com nossos desenhos, independentemente do talento ou da virtuose do saber desenhar, ou desenhar dentro das regras da beleza, sejam elas clássicas ou modernas. Nada disso importa. O que importa é desenhar ao nosso modo, à nossa expressão individual manual/ cerebral, livre e despreocupado das obrigações do "belo" e das regras de composição e equilíbrio que podem nos levar à frustração, ao complexo de inferioridade no assunto.

Até então, tudo o que tinha aprendido nas escolas por que passei, da primária à universidade, é que desenhar é condição *sine qua non* para algumas profissões e que poucos têm os atributos ou talento para o ofício, poucos são os que desenham. Os não "escolhidos", ou não "brindados" com tal talento, devem se envergonhar e manter suas mãos à distância de lápis, canetas e papéis. Mas não! Sem me dar conta, ali, com Lina, eu estava sendo iniciado em uma trincheira, até então inédita para mim, da luta contra a ditadura do desenho em nossa profissão. Para um futuro arquiteto, isso não era pouco. Com bastante constância, Lina questionava o desenho como representação única – ou mais fiel – da arquitetura, nos alertando inclusive sobre as distorções óticas das projeções de Monge[29]. Para ela, o desenho era uma das ferramentas do fazer arquitetônico, não a única.

Desenho e projeto

Em arquitetura, dizer que o desenho é tudo é uma meia-verdade, ou até verdade nenhuma. Em arquitetura, arquitetura é tudo. Se entendermos arquitetura como uma experiência do espaço no tempo, vivida com todos os sentidos, será difícil, ou mesmo impossível, substituir sua linguagem própria de expressão – a da percepção tridimensional do espaço –, por qualquer outra linguagem. A fotografia, a escrita e as várias formas de desenho – do mais livre e expressivo croqui ao mais técnico – não conseguem representar a arquitetura em sua totalidade sensorial. Nessa experiência, tudo conta: fruição, observação, reflexão, filtrados pela bagagem cultural de cada um.

29 Ver nota sobre Gaspard Monge (1746-1818) na p. 25.

Dito isso, onde é que fica o desenho, essa linguagem ancestral da expressão humana? Seria ou não o desenho importante no fazer arquitetônico? Claro que sim! Ainda hoje ele é uma das principais ferramentas da arquitetura e, em muitos momentos, confunde-se com a própria arquitetura, tal a proximidade dessa linguagem-meio, o desenho, com a linguagem-fim, a arquitetura.

Em muitas línguas, incluindo o português, utilizamos da palavra "desenho" para nos referirmos ao projeto, sem pensar que projeto é muito mais que desenho. Projetar é ver adiante, enxergar à frente algo que poderá ou não ser concretizado. Ao projetar, podemos recorrer a várias linguagens, como o desenho, a escrita, a fotografia, esculturas (maquetes), sons, falas etc. Mas em nossos dias o desenho como linguagem ainda é fundamental na prática arquitetônica, seja em sua concepção, seja em sua expressão. Não podemos prever até quando será assim, com tantas inovações que surgem todos os dias no campo da comunicação. O que podemos afirmar é que, hoje, o desenho é parte integrante do fazer arquitetônico e o termo "desenho" não tem uma aplicação precisa no campo da arquitetura.

Quando Gio Ponti anota que seu desenho é uma ideia, que contém um ideário – "*Questo è un disegno da mettere un ideario in fatto: un disegno è un'idea*" –, sem dúvida está botando mais lenha na fogueira dessa discussão infindável sobre termos que se sobrepõem, em muitas línguas, a partir de seu radical comum, *designium,* que em latim significa design, desenho. Isso nos permite ler o termo "desenho" como tradução de uma intenção ou vontade: como se o desenho, investido de conteúdo, representasse um ideal. Seria um desejo?

Quando o arquiteto português Álvaro Siza diz que "o desenho é a procura da inteligência", está se referindo ao desenho como projeto. Aí continua armada a confusão quanto ao uso dos termos. Mas o desenho como projeto, tomado como forma *prospectiva* e *propositiva* a um só tempo, é uma das chaves para compreender o que é fazer arquitetura. Em uma atividade única, que em geral é o ato de desenhar, o arquiteto observa, faz anotações, registra a natureza ou o lugar da intervenção, sua geografia e ao mesmo tempo a transforma, também com desenhos. Muda, altera a realidade hipotética, agrega novos elementos e, desse ato uno e multifacetado, surge a arquitetura. Fazemos o desenho para apreender o lugar e para transformá-lo. Na medida em que estamos construindo o lugar, estamos construindo o projeto, tudo ao mesmo tempo. A um só tempo utilizamos o desenho (design, projeto) como meio de percepção (forma de conhecer) e de expressão (forma de conhecimento).

Quando ouvimos alguém dizer, "já tenho a ideia, agora só falta o desenho (projeto)", podemos concluir que falta tudo. Entre a ideia e o projeto há o abismo da indefinição do que virá. Infindáveis desenhos poderão dar infindáveis formas (e conteúdos) a uma ideia arquitetônica.

O uso reducionista do conceito de projeto tem sido responsável por muitos desastres em nossas cidades, em nossas casas, na maneira como nos relacionamos com os objetos, enfim, com nosso habitat. Tomar os espaços da vida e os objetos de nosso dia a dia sem seu devido sentido estético e cultural, ou, como diria o antropólogo, político e pensador Darcy Ribeiro, "sem ressonância em nosso coração", é praticar arquitetura (e design) em bases falsas, com propósitos escusos. Nossas cidades e nossas casas estão aí, cheias de absurdos e de desconfortos criados pelo modo de vida de nossos dias, ditados acima de tudo pelo tempo de modismos e aparências em que estamos imersos.

Em arquitetura, o tempo é outro. Busca-se sempre (assim é e foi em toda a história da humanidade) a durabilidade, a perenidade e até a eternidade. Isso não é pretensão. Mesmo sabendo que toda obra pode ser demolida, reformada ou alterada, o arquiteto, quando projeta, projeta para uma vida longa, a qual não se vê um fim. Não é pretensão dizer que o arquiteto "desenha" o mundo. Mundinho ou mundão, não importa. O espaço envolvente, "recipiente da existência", é sempre um pedaço de mundo.

Após Lina

A luta contra a ditadura do desenho, exercitada cotidianamente com Lina, esse método de trabalho, se é que podemos assim chamá-lo, passou a ser nosso *modus operandi* no escritório Brasil Arquitetura[30] há

---

30 Escritório criado em 1979, em São Paulo, por mim e pelos arquitetos Francisco Fanucci e Marcelo Suzuki.

quase quarenta anos. Qual seja: a cada novo trabalho, mergulhamos fundo no tema, na antropologia, na geografia, na literatura, na música, enfim, em tudo o que possa enriquecer a resposta que se espera em forma de projeto e, consequentemente, em desenho. O desenho não é apriorístico, não vem do nada, ou de uma "inspiração" arbitrária qualquer que, diga-se de passagem, não existe. Nunca começamos pelo desenho: terminamos por ele.

Costumamos gastar a maior parte de nosso tempo em leituras e conversas, muitas conversas, histórias que possam construir imagens, fazendo pequenas notas, croquis, rabiscos, mais notas, poemas, lembretes em um papel qualquer, onde quer que estejamos. A conversa é o mote do projeto, uma espécie de roteiro que vai se construindo à medida que se articula, em palavras e imagens, o que se sonha, o que se avista adiante, aquilo que se projeta na imaginação. Depois de colocar esse "pilar" em pé, estruturado, partimos para o desenho no papel (hoje em dia, cada vez mais restrito, uma vez que se vai rapidamente para o computador). Dessa forma, podemos chegar ao projeto, dar-lhe forma, densidade, consistência, estrutura e concretude, desenho, sem jamais deixar por menos, ou de lado, a poética.

Apesar de o desenho ser nosso código de comunicação com os construtores, na transformação de ideias em espaços, objetos ou artefatos, ele não é a única ferramenta. Obras importantes foram realizadas sem desenhos. Em resumo, podemos dizer que a tal "luta" em nosso modo de projetar se dá mais contra a arbitrariedade do desenho, do desenho gratuito, e não propriamente contra o desenho em si. Em muitos casos, belos desenhos não bastam para se produzir boa arquitetura.

O verdadeiro desenho em arquitetura é aquele que seleciona, organiza, constrói, integra partes e produz totalidades (e mesmo pequenos objetos são totalidades). Costumamos dizer corriqueiramente: "esse copo tem bom desenho" ou "essa cadeira tem bom desenho", por exemplo. Estamos nos referindo a uma totalidade em que forma e função respondem conjuntamente a uma demanda, externam claramente um sentido, uma razão de ser. São bons projetos, com lógicas próprias, a serem vivenciadas em seus valores éticos e estéticos.

Minha experiência com Lina II[31]

2017

DONA DE UMA CABEÇA EXPLOSIVA que oscilava entre a depressão, o profundo desencanto com a humanidade – repetia em francês a frase atribuída a Marx: "*É pelo pior que a história avança*" –, e o entusiasmo na criação de um pequeno ou grande projeto, essa era nossa Lina Bo Bardi.

Do caminhar constante entre esses extremos, fez sua obra simples e complexa. Simples ao despertar paixões ou choques logo ao primeiro contato, fosse em sua arquitetura, textos ou depoimentos. Complexa pela sucessão de descobertas a cada vez que nos aprofundamos nela, num sem-fim de possibilidades de novas conexões. De um lado, o rigor extremo; de outro, a busca de liberdade, características que em Lina formavam uma unidade indissociável.

Nas discussões acaloradas, Lina não poupava afirmações categóricas, quase bravatas, muitas vezes absurdas que, no dia seguinte, se desfaziam em seus projetos ou nas negações do tipo "nunca disse isso".

---

31 Este é o segundo artigo que escrevi com o mesmo título. O primeiro abre este volume e foi redigido um mês antes da morte de Lina.

Não era fácil conviver com um espírito tão pulsante, que nunca dava tréguas ao intelecto, fosse nas discussões de trabalho, fosse nos assuntos corriqueiros do dia a dia.

Esse espírito indomável de uma pessoa que repetia sempre que "nunca pediu para nascer" e que "aos três anos de idade teve a completa compreensão do mundo e da vida", nos fustigou intensamente por quinze anos de convívio. Digo "nós" porque divido essa experiência com André Vainer e Marcelo Suzuki, colegas e amigos nessa rica travessia.

Sem tréguas! Sem afrouxar os cintos! Sem preguiça! Sem soluções imediatas e fáceis! Para nós, essa postura de Lina no trabalho é a prova da mais genuína generosidade e dedicação, algo incomum nas relações de trabalho desta natureza, como em escritórios de arquitetura.

A contradição fazia parte da gramática de Lina, que embaralhava tudo, dificultando a compreensão do que se passava. Quem projeta e cria sabe da importância do questionamento, do exercício da dúvida na construção de uma obra. Em um vai e vem constante, ante retrocessos e mudanças de rumo, íamos muitas vezes no embalo de uma embarcação à deriva que, a um toque no timão, se aprumava. Assim era trabalhar com Lina: correr riscos, ser livre diante do que a vida nos apresentava, diante das decisões e escolhas, mas com o rigor e a clareza de que se quer o melhor, o mais bem feito e útil para o outro, sejam indivíduos ou comunidades.

Estão aí o Solar do Unhão, o Masp, o Sesc Pompeia, três obras de grande inserção sociocultural, para comprovarem o que digo aqui. São espaços de dignidade, convívio e respeito por excelência.

A base sólida dessa relação foi a amizade que construímos, o respeito de lado a lado. Lina sempre nos colocou em posição de igualdade, com generosidade e ousadia, tanto diante das decisões do projeto quanto na partilha dos honorários profissionais. Uma coragem que, muitas vezes, assustava, tal a sua "irresponsabilidade" ao confiar tanta responsabilidade a um grupo de jovens arquitetos recém-formados e inexperientes. Mas essa foi, podemos afirmar com a distância do tempo, nossa formação profissional substancial.

Brigávamos muito, ou melhor, Lina brigava conosco. Gostava de afirmar que "só vale a pena brigar com quem interessa; brigar por ideias", dizia ela, como forma de reforçar respeito e amizade. Em meio às discussões acaloradas, não faltava a demonstração de carinho e doçura (sim, doçura), nos presentes que compartilhava, nos pequenos bilhetes com desenhos que nos enviava, nas comidas preparadas para os almoços de fim de semana ou na tradicional pipoca com quentão dos dias juninos, que nunca deixou faltar ao longo dos anos. Era a satisfação plena do convívio, momentos de grande carinho.

Se me perguntassem hoje se de fato Lina existiu – como as perguntas fantásticas de Riobaldo Tatarana[32], cheias de verdade e sonho –, minha resposta de mineiro seria: "Sei não!" Mas, se for para dizer quem foi Lina, terei que roubar aqui uma frase de Agostinho da Silva que a definiria muito bem: "Não sou do *ortodoxo* nem do *heterodoxo*; cada um deles só exprime metade da vida; sou do *paradoxo* que a contém no total."

---

32 Personagem central do romance *Grande sertão: veredas*, de Guimarães Rosa.

Tecnologias vernáculas: o popular e o moderno no Sesc Pompeia

2018

EU GOSTARIA DE COMEÇAR este artigo questionando a aplicação de seu título, mas para isso precisamos retroceder algumas décadas e situar melhor o momento em que vivíamos no Brasil.

Tempos realistas: um sonho maduro (1977–1986)

O projeto do centro de convivência e lazer do Sesc Pompeia inaugura um novo tempo na cidade de São Paulo, que vivia, como todo o país, a ressaca de mais de vinte anos de uma ditadura civil-militar que deixou feridas abertas na sociedade brasileira até hoje. Era o momento de "juntar os cacos", ver o que havia sobrado e estava em condições de se restabelecer e funcionar, na crença de que a utopia vivida nos anos 1950 e 1960, em alguma medida, ainda pudesse contribuir para o desenvolvimento sociocultural de todo um povo. Eram tempos de pragmatismo, cautela e desconfiança; de abertura política "lenta e gradual"; de um ambiente artístico intelectual esfacelado. Tempos de recomeçar a construção do futuro possível, dentro de novas bases.

No projeto do Sesc Pompeia, capitaneadas por Lina, arquitetura e programação cultural caminhavam lado a lado. Não por encomenda do cliente, mas pelo *modus operandi* de Lina, que nunca tratou arquitetura como abrigo ou receptáculo de um programa de uso, e sim como parte indissociável desse programa. Sem hiatos nem distinções burocráticas, em uníssono, arquitetura e conteúdo passavam a funcionar como verdadeiras armas, lançando uma lufada de ar fresco no ambiente reprimido e deprimido da cidade.

Apesar da abertura política, diante de todo o ideário proposto e aplicado no Sesc Fábrica da Pompeia, Lina se mostrava cautelosa e extremamente pragmática, sem jamais deixar de fora o sonho e a poética. Calejada pelas fortes frustrações das experiências do Masp, em São Paulo (1968), e do Solar do Unhão, na Bahia (1964) – projetos acometidos por paralisações de obra, golpes e contratempos políticos, defecções humanas etc. –, a arquiteta e agitadora cultural já madura se muniu de toda sua experiência para levar ao novo projeto uma síntese de suas crenças e apostas na transformação do mundo com as armas da arquitetura, do design e das intervenções artístico-culturais. Com a palavra, Lina:

> Existem sociedades abertas e sociedades fechadas; a América é uma sociedade aberta, com prados floridos e o vento que limpa e ajuda. Assim, numa cidade entulhada e ofendida pode, de repente, surgir uma lasca de luz, um sopro de vento. E aí está hoje a Fábrica da Pompeia, com seus milhares de frequentadores, as filas na choperia, o "Solarium-Índio" do deck, o Bloco Esportivo; a alegria da fábrica destelhada que continua: pequena alegria numa triste cidade[33].

Mudanças de rota: uma nova realidade

Esse preâmbulo é importante para entendermos que, em mais de vinte anos de ditadura e "domínio" norte-americano nos modos de produção e consumo do país, as premissas lançadas por Lina sobre o possível

---

33 Marcelo Ferraz (Org.), *Lina Bo Bardi*. São Paulo: Empresa das Artes; Instituto Lina Bo e P. M. Bardi, 1993, p. 220.

desenvolvimento do design e da arquitetura – pautados também na criatividade popular – haviam sido engolidas pela realidade que se estabelecera. Um novo modo de vida havia sido imposto aos brasileiros. O sonho de criar no país algo similar ao fenômeno finlandês e japonês – o encontro da invenção com a tradição, a convivência do *hi-tech* com o *low-tech* – havia desaparecido. Nossa indústria estava baseada na importação de patentes e *gadgets* norte-americanos, deixando de lado as possibilidades de desenvolvimento de formas oriundas do nosso pré-artesanato, soluções afeitas ao modo de vida dos vários brasis. Vale lembrar novamente Lina:

> Cada país tem sua maneira própria de encarar não somente a arquitetura, mas também todas as formas da vida humana. Eu acredito numa solidariedade internacional, num concerto de todas as vozes particulares. Agora é um contrassenso se pensar numa linguagem comum aos povos se cada um não aprofunda suas raízes, que são diferentes. A realidade à beira do rio São Francisco não é a mesma que à beira do rio Tietê. Essa realidade é tão importante como a realidade da qual saiu Alvar Aalto ou as tradições japonesas. Não no sentido folclórico, mas no sentido estrutural[34].

Com essa consciência formada na "rigorosa leitura semiótica da realidade", frase que repetia inúmeras vezes, Lina encara a nova tarefa de executar um centro de lazer e convivência na maior cidade do país, São Paulo. Já não mirava o mundo rural com esperança de contribuições estéticas, mas sim a nova realidade – e também a poética – do migrante banido do campo, habitante das periferias e favelas das grandes cidades; a cultura dos muitos "sertões" brasileiros, agora vivendo a transformação na dura realidade urbana, que segrega e oprime. Eram tempos de retomada das lutas operárias por melhores salários e condições de vida. A exposição *Caipiras, capiaus: Pau a pique*, apresentada no Sesc Pompeia e curada por Lina, é um adeus ao mundo rural que desaparecia, com a substituição da pequena propriedade familiar diante do predomínio quase absoluto da monocultura nas

---

34 *Ibidem*, p. 186.

grandes propriedades. No texto de abertura da exposição, Lina expõe de forma lúcida sua visão sobre a necessidade de lutar pelas conquistas já adquiridas pelos países do "Norte". É um verdadeiro manifesto reivindicativo, político:

> Agências especializadas de cooperação da ONU programam, desde o fim da Segunda Guerra Mundial, planos experimentais para países subdesenvolvidos, sugerindo a utilização, para a solução do problema da habitação popular, de sistemas "tradicionais" como o uso do barro, tijolos crus, pau a pique, sapé, taquara etc.
>
> Bem: o barro para o Terceiro Mundo, o concreto e o aço para os acima do Equador.
>
> Barbeiros à parte (insetos transmissores da doença de Chagas), o barro não é um material alegre, isto é, é uma espécie de *memento mortis*: "*pulvis es et in pulverem reverteris*" (Bíblia).
>
> "*Pour belle que soit la pièce le fin est toujours sanglante: on y jette un peu de terre dessus et c'en est fait pour toujours.*" (Blaise Pascal, *Provinciales*)
>
> Que viva François Hennebique, pioneiro do concreto armado![35]

Espírito fabril: armas da arquitetura

O conjunto industrial[36] transformado em Centro de Lazer Sesc Pompeia data do início dos anos 1930. O projeto, vindo da Inglaterra, utilizava em sua construção a patente de François Hennebique (1842-1921). Algo muito sofisticado do ponto de vista da técnica construtiva, pela funcionalidade, elegância e economia da estrutura de concreto armado. Na primeira visita ao local, Lina identifica essa característica e a toma como algo relevante em todas as decisões de projeto:

---

35 *Ibidem*, p. 242.

36 Construída no início da década de 1930, a empresa de tambores de aço Mauser & Cia. Ltda. funcionou até 1945, quando foi vendida para a Indústria Nacional de Embalagens S.A. (Ibesa/Gelomatic), de geladeiras a querosene. O projeto original havia sido inspirado na arquitetura inglesa fabril típica do início do século XX e em sua estrutura moldada, autoria de um dos pioneiros do concreto armado, o francês François Hennebique, ainda no início do século.

Entrando pela primeira vez na então abandonada Fábrica de Tambores da Pompeia, em 1976, o que me despertou curiosidade, em vista de uma eventual recuperação para transformar o local num centro de lazer, foram aqueles galpões distribuídos racionalmente conforme os projetos ingleses do começo da industrialização europeia [...]. Todavia, o que me encantou foi a elegante e precursora estrutura de concreto. [...] pensei logo no dever de conservar a obra. Foi assim o encontro com aquela arquitetura que me causou tantas histórias, sendo consequência natural tornar-se um trabalho apaixonante[37].

O termo "arqueologia industrial", então recém-criado, para designar a recuperação arquitetônica de complexos industriais obsoletos teve uma aplicação precisa no projeto do Sesc Pompeia. Lina procurou guardar não somente as marcas do passado encontradas em paredes, pisos, materiais e instalações, mas adotou como solução arquitetônica do novo centro a linguagem industrial objetiva, despida de supérfluos, adornos e "frescuras", como costumava dizer. Não por questões formais ou estilísticas, mas em respeito à memória e à história do trabalho humano. A velha fábrica – testemunha de sofrimento, duras jornadas e acidentes, e também de alegrias, por ter sido meio de vida e sustento para tantas famílias – agora está aí, com suas marcas do passado, aberta a toda a população.

No projeto do Sesc Pompeia, o "espírito fabril" está por toda parte e não se resume a materiais, instalações, soluções espaciais. Mais do que isso, esse "espírito" está nas armas invisíveis da arquitetura, que convida e une pessoas, promove encontros e trocas, conforta e consola, como na camaradagem e no companheirismo de operários em uma fábrica. Com a diferença de que agora a velha fábrica fomenta o tempo livre na sociedade contemporânea. Lina soube captar tudo isso, enfatizando tal aspecto com muita sabedoria. A rua central do Sesc Pompeia representa a cidade que deu certo: sem automóveis, limpa, livre, acolhedora. Crianças correm soltas, velhinhos "desfilam" na pista de granito, observam ou são observados, como num café parisiense.

---

37 Marcelo Ferraz, *op. cit.*, p. 220.

Novamente, com o olhar moderno e urbano, sem saudosismo estagnante, Lina tinha a consciência nítida da necessidade de criar oásis de conforto e civilidade em nossas sofridas metrópoles, espaços que celebram a cidade como lugar do respeito e da possibilidade de ser livre. Ao falar sobre conforto, aconchego e anonimato nas grandes cidades, Lina toca em um ponto sutil e sensível dessa questão:

> Aqui temos um centro de convivência onde acontecem eventos ou atividades gerais e onde o pessoal é livre. O pessoal se acostumou a uma convivência coletiva individual, estranhamente. Quer dizer: é a solidão no meio dos outros, o que é a coisa e mais difícil de ser alcançada, especialmente no Ocidente, numa sociedade como a nossa, de barulhos e de acontecimentos terríveis[38].

Rigor e poesia

Sobre o título deste artigo, vale dizer que toda abordagem conceitual e teórica traduzida em soluções espaciais para o convívio de pessoas, todas as intervenções de caráter efêmero e temporário ali realizadas por Lina Bo Bardi em nove anos de trabalho foram absolutamente contemporâneas, modernas no sentido de estarem filiadas ao ideário de ruptura do movimento moderno na arquitetura e nas artes. O sistema construtivo utilizado nas torres do bloco esportivo em concreto protendido é sofisticado e mesmo ousado como engenharia, até hoje, mais de trinta anos após sua inauguração. Assim foi também a sofisticada construção do conjunto fabril nos anos 1930.

Portanto, cabe aqui relativizar o aspecto largamente difundido por tantos artigos e teses que supervalorizam certo olhar de Lina para questões do "vernáculo e do popular". É preciso entender por que viés ela chamava atenção para essas questões. Poderíamos traçar um paralelo com Villa-Lobos ou Tom Jobim, que fizeram uma música extremamente sofisticada e internacional, cantando e contando aspectos da vida

---

38 Depoimento extraído do documentário *Panorama Fábrica da Pompeia*, TV Cultura, São Paulo, 1982.

das pessoas do campo e da cidade, sua relação com o meio ambiente, os animais, a geografia, seu modo de lidar com as coisas do dia a dia.

É importante fazer essa observação para não enveredarmos pela repetição de formas ou materiais mimeticamente, como se o passado fosse mais importante que o presente, numa visão saudosista e folclórica. Vale lembrar a epígrafe de Vladímir Maiakóvski em um dos escritos contundentes de Lina:

> Em casa faltava dinheiro. Fui obrigado a fazer gravuras e desenhos. Lembro em particular os ovos de Páscoa. Redondos, rodavam sobre si mesmos e rangiam como portas. Os vendia numa butique de artesanato da rua Neglinnaja. Dez-quinze copecas a peça. Desde então odeio sem limites a aquarelas das Senhoras, o estilo Russo e o "artesanal"[39].

Precisamos buscar pontos que conectem a obra de Lina com a arte popular, mas não podemos deixar de lado sua formação clássica e sua "filiação" às vanguardas europeias do início do século XX. Existe uma grande confusão ou, para ser mais exato, uma simplificação quando se interpreta a obra de Lina colocando-a em um nicho ou rotulando-a. É uma forma de congelamento e morte. Como dizia Waly Salomão, grande amigo e parceiro de Lina em alguns trabalhos: "O poeta deve ser assim, pirracento com o mercado, com o mundo da facilidade, da fácil diluição"[40]. E assim era Lina, criadora de uma obra desafiadora, simples e complexa, econômica e rigorosa, sintética e concisa. Obra exata como um bom poema. Sem sobras. Com a palavra, Bruno Zevi:

> Renunciando declaradamente à mitologia da beleza clássica, este centro sociocultural de São Paulo joga as cartas das dissonâncias com atrevimento e espontaneidade. Sem intelectualismo, fornece um modelo de ambiente desejável, denso de humanidade e poética fantasia[41].

---

39 Marcelo Ferraz, *op. cit.*, p. 216.

40 Waly Salomão e Adolfo Montejo Navas, "Entrevista". *Errática*, São Paulo, 2004. Disponível em: <http://erratica.com.br/opus/12>. Acesso em: 7 jan. 2025.

41 Bruno Zevi, "La fabbrica dei segni", *L'Espresso*, Roma, 24 maio 1987.

Trinta anos do Instituto Bardi

2020

"É O ÚLTIMO BRINQUEDO DE PIETRO", disse Lina Bo Bardi referindo-se ao recém-criado Instituto Quadrante (nome original do atual Instituto Bardi). Cética e até descrente com a novidade, completou: "Pietro sempre precisou de novidades, cada hora inventa uma coisa. Assim é a vida toda". Apesar da discordância velada, Lina apoiou a iniciativa sem questionar, inclusive a decisão de doação da casa com todos os bens à nova instituição.

Naquele momento, Pietro Maria Bardi completava noventa anos e se afastava da direção do Masp, decidido a continuar apoiando as artes, e a cultura brasileira em geral, por intermédio de uma nova instituição sediada em sua casa-ateliê, hoje conhecida como Casa de Vidro. Projetada e construída entre 1950 e 1951, a casa foi pensada desde o princípio como um centro de estudos e encontros intelectuais, com ateliês para artistas e estudiosos de passagem – sim, havia até outro terreno próximo para construir pequenos "alojamentos" para os residentes visitantes, projeto que acabou, infelizmente, abandonado. Em suma, o casal sonhava com um verdadeiro centro de pesquisa, vivo e dinâmico, que pudesse ser alimentado por seus círculos de conhecimento e, principalmente, pelo poder e pela força de atração do Masp.

O caráter ateliê da casa pode ser sentido em seus espaços dedicados aos encontros, aos livros e às obras de arte. A atmosfera dominante, refletida no acervo acumulado por toda a vida, sempre foi essa. Lembro-me do comentário do artista plástico Rubens Gerchman em um dos memoráveis almoços de domingo regados por acaloradas discussões: "Ao pisar na casa, respira-se cultura". Lina dizia tratar-se de uma *open house* para os artistas e intelectuais importantes de toda parte do Brasil e do mundo que visitavam São Paulo.

Neste mês de maio, o Instituto Bardi completa trinta anos. Uma existência muitas vezes errática, distante de sua missão original como centro de cultura detentor de um acervo único, legado por dois grandes ativistas que marcaram a cena brasileira no século XX. E não falo aqui da falta de recursos, que acomete sem dó quase todas as instituições brasileiras, agravada neste momento por um duplo ataque: a pandemia da covid-19 e o desmanche da cultura e educação patrocinado pelo governo federal. Falo da falta de um projeto simples, com claros objetivos, direto e contundente como foi a atuação do casal ao longo de sua vida (basta ver os princípios elencados no estatuto de criação do instituto que pregam "a difusão cultural por diversas mídias e a promoção da pesquisa num foro extra-acadêmico", entre outros).

Rápido retrospecto

A primeira década de vida do Instituto, nos anos 1990, foi de muitos feitos. Havia um conselho curador escolhido pelo professor Bardi, composto de seus amigos e colaboradores, todos ligados ao mundo das artes e da cultura. Fui convidado pelo casal para a tarefa de dirigir o instituto, função que exerci até o final de 2001. Nesse período, foram realizadas publicações sobre variados temas da cultura brasileira, exposições, seminários internacionais, entre outras atividades, além de apoios financeiros a outras instituições. Apesar de estar ainda experimentando e tateando um rumo, o instituto marcou presença na cena cultural, e não seria exagero dizer que, de certo modo, inaugurou-se ali um ciclo de edições de livros de arquitetura. Mas sem dúvida o grande feito dessa primeira década foi o Projeto Lina Bo Bardi.

Exageradamente discreta em relação à sua obra, Lina nunca quis publicar, em vida, um livro sobre seu trabalho. Costumava dizer: "Façam vocês, os pósteros, depois que eu morrer." Após seu falecimento, em 1992, nos empenhamos em uma ambiciosa empreitada para trazer sua obra a público – nacional e internacionalmente. Isso incluía a publicação de um abrangente livro (hoje em quarta edição e com mais de 18 mil exemplares vendidos nas edições em português, inglês e italiano), um documentário sobre a vida e obra de Lina exibido em TV aberta, e uma grande exposição com mais de trezentos desenhos originais, fotografias e peças de mobiliário. Em menos de um ano de trabalho, lançamos, em 1993, na abertura da exposição no Masp, o livro e o documentário. Na sequência, esse projeto iniciou uma turnê que durou nove anos e percorreu mais de quarenta cidades, em 26 países. Sem sombra de dúvida, o Projeto Lina Bo Bardi foi a verdadeira apresentação de Lina e sua obra ao mundo, tendo causado fortíssimo impacto.

Depois disso, inúmeras exposições, filmes, teses e publicações foram e continuam sendo realizadas sobre Lina e sua obra. Muita coisa boa e outras sem o merecido rigor – a ponto de, nos dias de hoje, chegarmos a certa banalização de sua obra e folclorização de sua figura. Já se sente certa saturação e desgaste em torno de seu nome, com a desvitalização e despolitização de suas ideias. Mas essa é outra história a ser tratada em outro artigo. O que importa dizer aqui é que, por motivos variados, o sucesso descomunal de Lina acabou contribuindo para diminuir a figura do professor Bardi, colocando-o em segundo plano. Bardi está desaparecido, nos dias atuais, até do museu que criou, o qual se confunde com ele próprio, tão ligados estão o criador e a criatura. Um equívoco que deve ser reparado.

A década que se seguiu à morte do professor Bardi assistiu a conturbadas lutas internas na administração do Instituto, com questões familiares e várias trocas de conselho e estatuto. Foi também um tempo importante para a catalogação e organização do acervo de Lina. Com enormes problemas financeiros para a difícil manutenção da casa, do jardim e do próprio acervo, inaugurou-se uma aposta na busca de recursos, pautada no aluguel de obras e documentos para exposições (inúmeras, mundo afora) e na venda de direitos de imagens. Em total oposição ao que Lina e Bardi pensavam (e exerciam) sobre a difusão do conhecimento com a disponibilização ampla e gratuita de seu acervo, esse procedimento até hoje persiste. Pesquisadores se queixam continuamente dos valores praticados na cessão de imagens.

Nos dez últimos anos, vemos no Instituto Bardi um contínuo dessa política de incensamento da figura de Lina, por vezes, até mais do que de sua obra. Mas vemos também alguma resistência interna na tentativa de trazer de volta o professor Bardi, verdadeiro criador do Instituto que leva seu nome. O arquivo do professor foi catalogado e disponibilizado, alguns seminários foram realizados, um livro publicado, mas há ainda muito por fazer para recolocá-lo em seu devido lugar. Pietro Maria Bardi (1900-1999) completaria 120 anos no dia 19 de fevereiro passado. Não se viu um artigo sequer nos jornais e revistas, nem qualquer manifestação do Instituto diante da efeméride.

É importante ressaltar também a intensa colaboração do casal. Apesar de nem sempre concordarem, o respeito e a admiração que Lina e Pietro cultivavam mutuamente refletem-se na intensa parceria que desenvolveram no trabalho, a ponto de muitas vezes não ser possível dizer com segurança o que era obra e o que era ideia de um ou de outro. Como exemplo, cito os cavaletes de vidro do Masp. Se o projeto é de Lina, a coragem e a ousadia de assumi-lo coube ao professor.

Futuro possível

A casa, atualmente desprovida de grande parte de seus objetos e obras de arte em função da indenização dos herdeiros de Bardi, e sem o aparente caos original, perdeu seu clima de mistério, tão característico de ambientes habitados por livros, quadros, objetos estranhos variados, papéis escritos, poeira e até cupins. De certa forma, é compreensível a dificuldade de manter aquela atmosfera sem ninguém vivendo nela. Sem Lina a controlar a "temperatura e o movimento dos ventos". É um desafio que se apresenta aos gestores.

Talvez, se além de apostar na visitação tivéssemos também pesquisadores, acadêmicos e estudantes "devorando" os documentos, pequenos encontros de estudiosos ou debates organizados em torno de temas afeitos ao conteúdo do acervo (que é bastante amplo), uma outra vida poderia se instalar no hoje "mausoléu" dos Bardi. Sabemos que a bilheteria ajuda, mas não resolve questões financeiras de nenhum museu. Portanto, não deveria se investir tanto nas visitas, que tem limitações dadas pela própria casa, seus espaços e objetos. Citando novamente Lina: "Hoje em dia as pessoas vão a museus como se fossem ao supermercado. Isso não interessa."

Um aspecto ainda mais agravante da falta de rumo da instituição são as exposições de artes e design apresentadas esporadicamente, que ocupam todo o espaço da grande sala despojada de seu mobiliário, como se a casa fosse mais uma galeria de arte da cidade. Sempre ficará a dever porque não foi pensada nem projetada com essa finalidade: o instituto não é uma galeria, e seu acervo por si só fala mais alto. Acervo de móveis desenhados por Lina em 1951, na primeira ocupação da casa; móveis clássicos valiosos, antigos e modernos; pinturas e esculturas de variadas épocas; sem falar, é claro, da arquitetura única e pioneira da casa – agora, patrimônio histórico nacional.

Quem vem a São Paulo e visita a Casa de Vidro quer encontrar ali o acervo a que me refiro, ou seja, quer ver a casa "vestida", como sempre foi, em sua longa vida como residência e ateliê. Vale a pena lembrar um comentário da arquiteta portuguesa Ana Vaz Milheiro em um seminário promovido pelo próprio Instituto Bardi, no qual se discutia exatamente diferentes visões e possibilidades de uso e funções para a casa: "quando as pessoas vêm à casa da Lina, principalmente uma pessoa que vem de fora, ela espera encontrar a casa da Lina. [...] não espera encontrar a casa colonizada por outras coisas. [É preciso preservar] a aura da casa. É fundamental que quem chegue aqui não fique decepcionado".

Conservar e apresentar esse acervo não significa congelá-lo no tempo. Na casa de Lina e Pietro, temos os arquivos que poderiam alimentar essa outra vida, do verdadeiro centro de pesquisa sonhado pelo casal, quem sabe conveniado com alguma universidade. Por que não a Faculdade de Arquitetura e Urbanismo (FAU) ou o Instituto de Estudos Brasileiros da Universidade de São Paulo (IEB-USP), por exemplo? Até os almoços poderiam ser retomados numa ação ousada de levar a conversa da mesa (como sempre ocorreu) para o campo da produção cultural, dos livros etc. Isso não seria difícil.

Mas é importante salientar que essa vida sonhada para a casa, nos moldes da vivida pelo casal por quase cinquenta anos, deve ser inclusiva, democrática, aberta à inteligência e à criação. O que em nada tem a ver com atividades ditas "glamourosas" ou acontecimentos para poucos endinheirados que muitas vezes vimos acontecer ali, tais como a utilização da casa em lançamentos de moda ou comerciais de todo tipo de produtos.

Isso está muito longe do que pensavam os rebeldes moradores originais da casa, agitadores que lutaram, cada um em sua trincheira, por um Brasil melhor e mais justo. A presença da universidade pode ser de grande valia em desenhar o rumo que se pode tomar. Lina e Bardi sempre bateram nessa tecla. A casa, com todo seu acervo, quase foi doada à Universidade Estadual de Campinas (Unicamp) poucos anos antes da criação do instituto. Só não aconteceu por uma mudança na reitoria da universidade.

No momento atual, ao adentrarmos a Casa de Vidro, sentimos falta do vigor da Mata Atlântica que a cerca – cipós, musgos, parasitas, galhos secos, pedaços de pau, enfim, mato rebelde. A mata virou um bosque domesticado, limpo, com vegetação rasteira controlada e sem ervas daninhas e marias-sem-vergonha. Será reflexo do que se passa com o "último brinquedo" do professor Bardi?

Casa
Valéria
Cirell
2020

O CONJUNTO CIRELL – casa e pavilhão – projetado por Lina Bo Bardi, em 1964, é um experimento arquitetônico purista, mascarado organicamente pelos vários materiais utilizados, incluindo aí a vegetação. Sim, a vegetação de bromélias, musgos e parasitas se funde com as argamassas de muitas pedras, conchas e nichos de terra. O purismo do projeto está justamente na geometria das formas, nas plantas e nos volumes dos dois corpos principais.

A casa de morar é um cubo cortado internamente em diagonal, a meio nível, por um mezanino, conformando o vazio de duplo pé-direito da sala de estar. A casa de hóspedes/ atelier, batizada por Lina de Torraccia, é um cilindro que se assenta numa cota um pouco mais baixa do terreno. Tanto a casa cúbica quanto o cilindro Torraccia recebem elementos – volumes secundários – que mascaram a leitura imediata das formas puras, como que "adocicando" a dureza geométrica. Na casa principal, são as varandas de telha de barro (originalmente de palha) que fazem uma espécie de "saia de bailarina de Degas" a meio volume do cubo, e o volume da cozinha aos fundos; no atelier/ casa de hóspedes Torraccia, é o cinturão de construções ao fundo, conectadas ao cilindro – pequenos quartos, banheiros e cozinha, além da varanda aberta "desconstruída" na fachada frontal. Uma imagem forte, como se o cilindro tivesse levado uma mordida e perdido um pedaço. Lina dizia que não sabia como terminar as paredes circulares para dar lugar à abertura da varanda, até que se lembrou das ruínas dos monumentos da Antiguidade que têm suas terminações tão justas e bem resolvidas.

Um forte diálogo – não guerra de perdedores ou vencedores – entre o natural e o humano está por toda parte nesse intrigante projeto, ora de contrastes, ora de amálgamas ou fusões. Sempre guiado pelas mãos do arquiteto, que brinca com as possibilidades de explorar a exuberância dos materiais a ponto de, em alguns momentos, nos sentirmos imersos na natureza. Mas não, estamos imersos em humanidade, na inteligência do domínio humano sobre o natural sem sua negação.

Juntamente com a Casa do Chame-Chame, na Bahia, e a garagem e as muretas do jardim da Casa de Vidro, o projeto da Casa Cirell marca uma grande mudança na arquitetura de Lina. São projetos posteriores à viagem de Lina a Barcelona (1957) e à descoberta *in loco* da obra de Gaudí, seu fascínio por toda vida. Também é importante lembrar que, nesse período, Lina volta a se relacionar por meio de uma rica correspondência com seu velho amigo Bruno Zevi, grande promotor e defensor da chamada "arquitetura orgânica", que tinha em Frank Lloyd Wright o grande mestre.

Nos anos 1970, a casa sofre uma grande reforma, com ampliação do corpo anexo da cozinha para a criação de mais quartos, o que altera significativamente o projeto original de Lina. Em 1997, foi realizada outra reforma na Torraccia, pelo arquiteto André Vainer e por mim, visando sanar o "eterno" vazamento do telhado circular que não tinha inclinação suficiente para os tipos de telhas utilizadas. Já se somavam dois telhados sobrepostos, um de telhas de barro coberto por outro de telhas de fibrocimento, sem solução para o problema. Decidimos substituir esses telhados por uma laje de concreto feita sobre forma de tijolos e também revestida por tijolos com a mesma inclinação da cobertura original do projeto de Lina. Dessa forma, manteve-se a cor vermelha original do primeiro telhado de barro, agora transformado em um terraço inclinado, visitável, de onde se tem a melhor vista sobre o jardim.

O pequeno conjunto arquitetônico da rua Brigadeiro Armando Trompowsky, no Morumbi, em São Paulo, com seus belos jardins, criados e cultivados por Maria Luiza Lacerda Soares ao longo de mais de vinte anos em que lá viveu, é uma joia que merece ser tombada como patrimônio histórico. Um exemplar original e único dessa fase da obra de Lina Bo Bardi.

Casa do Benin

2021

De volta à Bahia

É difícil falar da Casa do Benin sem falar na volta de Lina Bo Bardi para a Bahia, que durou quatro anos, de 1986 a 1990. Essa história é interessante porque após sua primeira passagem por lá, entre o fim dos anos 1950 e começo dos anos 1960, ela não queria mais saber da Bahia. Dizia que a Bahia era uma gaveta fechada em sua vida. Apesar de ela não querer, a gente vivia insistindo: "Vamos para a Bahia!" Porém, nesse momento, houve uma conjunção favorável, o Mário Kertész estava na Prefeitura, tendo Roberto Pinho como secretário extraordinário de Projetos Especiais. Começamos a tramar a volta de dona Lina.

Posso dizer com segurança que foi uma trama bem montada por Roberto e por mim. Ela foi necessária porque, apesar de convidada várias vezes, Lina se recusava a trabalhar novamente na Bahia. Foi quando Roberto armou uma premiação: "Vamos trazê-la para receber a Comenda Dois de Julho". Até aquele momento, só Dorival Caymmi havia sido agraciado com essa comenda. Mário Kertész ligou para Lina, enviou um convite formal muito bonito e ela não teve como escapar. Marcamos a viagem para a Bahia.

Fizeram uma reserva no Hotel da Bahia, onde ela gostava de ficar. Quando chegamos, o circo todo estava armado. Os ex-colaboradores de Lina já estavam esperando no hotel: Nemésio Sales, Newton Sobral, Rogério Duarte e muitos outros, novos futuros colaboradores, como Waly Salomão e Antonio Risério. Então, após o ato de entrega da comenda, com o auditório lotado e diante de vários jornalistas, o prefeito entrega o prêmio a Lina e diz: "A cidade está em suas mãos. Gostaria de fazer formalmente e em público o convite para que a senhora nos ajude a recuperar o Centro Histórico de Salvador!".

Não teve como! Saímos dali, fomos para o saguão do próprio hotel, onde abriram uma cortina e havia uma exposição montada, com curadoria da Arlete Soares, que tinha feito um balanço do trabalho de Lina realizado nos anos 1950. Foi incrível. Ela pôde ver e rememorar. Acompanhada por Vivaldo da Costa Lima, fizemos um passeio pelos "cinco anos entre os brancos!"[42] Foi um nocaute!

Um novo trabalho

No dia seguinte, Roberto Pinho, que tinha armado toda essa história, nos busca no hotel pela manhã, e passamos o dia rodando o Centro Histórico, Cidade Baixa e Península de Itapagipe, até a Ribeira. Percorremos toda a Salvador antiga, vendo principalmente a destruição. Em estado de total abandono.

Aquilo foi enchendo Lina de ódio e de paixão. Ao fim desse dia, toda a imprensa foi ao Hotel da Bahia realizar uma entrevista com ela, com a participação de Waly Salomão e Rogério Duarte. Ela já estava recarregada de energia para falar sobre o que havia acontecido com Salvador: um terremoto voluntário. Nessa entrevista, fortíssima, criticou todos os políticos e administradores que passaram pela gestão entre 1964, quando havia deixado a Bahia, e 1986.

Nesse momento, Lina já tinha decidido que ia ficar e trabalhar na recuperação do Centro Histórico. Roberto apresentou várias possibilidades

---

42 Referência a "Cinco anos entre os 'brancos'", texto publicado em *Mirante das Artes*, n. 6, São Paulo, nov.-dez. 1967, no qual Lina reflete sobre o primeiro período em que viveu em Salvador.

de projeto. No dia seguinte, passamos o tempo todo pensando por onde começar e elencamos alguns trabalhos no Centro Histórico: a ladeira da Misericórdia seria uma ladeira-piloto; o forte de São Pedro seria uma espécie de Sesc Pompeia – era um sonho fazer em Salvador algo como o Sesc Pompeia, cuja segunda etapa tinha acabado de ser inaugurada, em 1986, em São Paulo –; o Teatro Gregório de Mattos; a Casa do Benin e a Casa do Olodum. A Casa do Benin foi eleita como o primeiro projeto, porque já estavam sendo restabelecidas relações diretas da cidade de Salvador com o governo do Benin.

Benin–Bahia–Benin

A Casa do Benin foi um grande projeto-piloto desses quatro anos da segunda etapa de Lina na Bahia. Foi feito em pouquíssimo tempo; tenho a impressão de que, entre o início da obra e a inauguração, passaram-se no máximo seis meses. O imóvel escolhido havia sido reformado alguns anos antes após ter sofrido um incêndio. Toda a estrutura havia caído: assoalhos, telhado etc. Mas, um pouco antes de nossa chegada, fizeram uma estrutura nova com lajes de concreto por dentro, colunas onde não era necessário, uma reforma grotesca, terrível. Imagine uma casa com um vão pequeno, de uns seis metros, em que botaram uma coluna para dividir esse vão... Porém, demolir daria um trabalho muito grande – naquele momento seria um absurdo demolir uma estrutura de concreto. Era capaz de cair a casa inteira.

Esse foi o nosso primeiro desafio: trabalhar num casarão antigo, muito bonito, presença fortíssima na paisagem do Centro Histórico, no Pelourinho, e ter que engolir aquela estrutura. É da leitura do espaço, daquele espaço que já estava lá, que nasce a escada que vai subir e perpassar toda aquela parede cega. Descascamos a parte mais antiga dela, que é o paredão do pavimento térreo, para descobrir o pouco que restava da alvenaria mista de terra, tijolo e pedra. Foi feita a escada, uma estrutura independente que furava os andares até chegar no sótão, onde surgiu uma nova escada metálica.

O sótão foi uma exigência, uma necessidade, porque a Casa do Benin deveria abrigar visitantes, pesquisadores, estudantes que viriam do Benin e passariam um tempo em Salvador. A casa hospedaria o pessoal que viria estudar, dar cursos e pesquisar. Por isso, foram feitos aqueles quartinhos lá em cima, num modelo próximo a um dormitório de convento. Nossa ideia de arquitetura contemporânea, em 1986, estava imbuída das lições do passado: da arquitetura colonial, dos conventos e tudo mais. E acho que continua...

Foi uma experiência fantástica. E bastante completa, porque já estava relacionada com a alta tecnologia do concreto e da argamassa armada pré-moldada desenvolvida por Lelé[43], e que seria uma solução para todo o Centro Histórico. Ou seja, iam-se recuperando ruínas, fazíamos uma avaliação do que daria para conservar e do que não daria mais. Entraríamos com a argamassa armada, uma tecnologia de ponta, para refazer todo o centro de Salvador, no final dos anos 1980 e começo dos anos 1990. Era um projeto-piloto, como eu disse antes.

Deixamos a fachada ao lado, para a casa que hospedaria o representante do Benin, espécie de embaixador cultural que moraria ali, assim como alguém de Salvador, em Ouidah. Considerando esse intercâmbio cultural, chegamos a fazer um pequeno estudo para a casa doada pelo governo do Benin, em Ouidah, para ser a casa representativa de Salvador. A casa daqui nós fizemos toda com a tecnologia da argamassa armada: as lajes, os pisos, e respeitando a fachada, que nos dava as dicas do pé-direito. Recuperamos a fachada e as janelas, mas deixamos aquela entrada como se fosse uma grande boca que daria num quintal.

O miolo de quadra

No que diz respeito ao quintal, mais uma vez a Casa do Benin foi pioneira do ideário que buscávamos – do ponto de vista urbanístico e arquitetônico – para o Centro Histórico. No nosso projeto, pensávamos em criar em todo o fundo da casa, que formava um miolo de quadra

---

43 Referência à Fábrica de Equipamentos Comunitários, também conhecida como Fábrica de Cidades, coordenada pelo arquiteto e engenheiro João da Gama Filgueiras Lima, o Lelé, que desenvolveu uma tecnologia de baixo custo e curto prazo para realizar inúmeras obras públicas na década de 1980 em Salvador.

do Pelourinho, uma área de convivência. Conservaríamos toda a vegetação e plantaríamos mais, assim as casas estariam unificadas pelo quintal de cada uma, com mangueiras, goiabeiras e pitangueiras. Funcionaria como um oásis no Centro Histórico. Em geral, nas cidades coloniais brasileiras, o Centro Histórico é bastante árido e seco – em Salvador não é diferente. Então, diante da secura da cidade, quem entrasse na casa encontraria o ar mais fresco, a sombra das árvores... essa era a ideia do "miolo de quadra".

Fizemos na Casa do Benin esse pequeno miolo de quadra. Plantamos onze coqueiros já grandes, criamos um espelho de água com a cascata – que é a cachoeira do Pai Xangô – e fizemos a palhoça, que é uma referência à casa Tata Somba, do Benin. Mas, naquele momento, nem a chamávamos assim. Para nós, era somente o Restaurante do Benin: uma área fechada para grupos maiores, representado por uma arquitetura de barro, com telhado de palha, uma grande mesa coletiva, em forma de *C* para trinta pessoas, com as cadeirinhas Girafa criadas especialmente para o restaurante.

Voltando para o "miolo de quadra", é importante dizer que essa ideia foi retomada em outra administração, muitos anos depois, ainda na recuperação do Centro Histórico. Foi, no entanto, retomada como uma espécie de praça de shopping center. Uma coisa terrível. A nossa proposta foi transformada (nas quadras em que foram feitas) em arremedos de praças, em praças de shopping center, com vários pisos, granitos, águas, vidros, acrílicos, estruturas metálicas. Foi uma grosseria. Veja bem como uma ideia muito boa, se não for tratada com a delicadeza e a inteligência necessárias, pode virar um desastre, como o Centro Histórico de Salvador. Coisas que vieram do nada, formas gratuitas de auditórios, anfiteatros, como acontece na arquitetura que não é feita com rigor. Esse rigor é justamente o que liga o ponto de vista físico, o ponto de vista dos materiais e das técnicas, com certas estruturas já existentes que, às vezes, nem estão muito visíveis, mas que existem. São formas, eixos que são descobertos numa arquitetura colonial, como uma coisa anômala ou espontânea, mas que não é. É algo construído, projetado, dimensionado. A leitura do patrimônio histórico passa por todos esses aspectos.

Do ponto de vista urbanístico, a Casa do Benin tinha uma grande importância. Primeiro, por estar no centro do Pelourinho, um belo exemplar que ligava e unia o restauro que se pretendia fazer, pintando a casa de branco. Essa foi outra grande briga. Nós queríamos pintar todas as casas de branco justamente para neutralizar isso que Lina chamava de "sorveteria". O Centro Histórico de Salvador parecia uma "sorveteria" de todos os sabores, "corzinha" para lá, "corzinha" para cá, rosinha, amarelo, azul, vermelho. Por que isso? Pensávamos em fazer tudo branco, depois o tempo vai acinzentando à sua maneira, com o uso e um cuidado maior ou menor. Essa proposta foi muito combatida, inclusive por setores do patrimônio histórico.

A casa tinha a importância do restauro vinculada à incorporação das novas tecnologias trazidas pelo arquiteto Lelé. Ele criou peças especiais para o nosso trabalho no Centro Histórico. Não eram as peças que ele usava para fazer os hospitais ou as escolas. Eram peças especiais, pequenas, para que entrassem facilmente no Centro Histórico, para que duas pessoas carregassem uma peça – não precisaria de mais que duas pessoas. Isso porque havia uma questão de peso e de tamanho para atravessar as escadarias e os becos, como na ladeira da Misericórdia.

Além disso, havia a ideia do "miolo de quadra", ou seja, o tratamento urbanístico para os antigos quintais que já não seriam mais quintais isolados entre as casas. Estas, de habitação familiar e quintal, vinham desaparecendo desde o século XIX, começo do XX, até meados dos anos 1950. Tudo isso estava presente no projeto da Casa do Benin.

O mobiliário especial

Voltando à questão do restaurante, ele foi construído justamente para trazer as pessoas e mostrar: olha como acontece aqui dentro, você atravessa um portal e descobre um restaurante com mesas à sombra dos coqueiros e a palhoça de barro e palha. Ali dentro, uma mesa coletiva desenhada especialmente para o projeto, de angelim-pedra, uma madeira muito dura, cercada por cadeiras Girafa.

Fazendo aqui um desvio de rota, mas navegando no mesmo contexto, é importante falar do mobiliário. Nós desenhamos duas cadeiras naquele momento, apesar de Lina dizer que projetar mobiliário "tinha caído no vazio", que tudo o que ela havia desenhado, o sonho dela do *industrial design*[44] havia desaparecido, porque as pessoas ou a copiavam ou faziam virar coisas de luxo. Mas, nesse momento, ela resolveu resgatar umas ideias antigas para cadeiras e começamos a trabalhar.

A cadeira Girafa, por exemplo, tem como base a banqueta do Alvar Aalto, que por sua vez deve ter tido como base outra banqueta de séculos atrás. Começamos a trabalhar com madeira maciça – feita de pinho, araucária – depois de muitos protótipos produzidos na Marcenaria Baraúna, onde trabalhávamos eu e o Marcelo Suzuki. Aliás, é importante dizer que, na Bahia, eu e o Marcelo estávamos como colaboradores de Lina, com Marcelo representando uma "ala de São Paulo" no projeto. Tínhamos uma base importante em Salvador, no Pelourinho, número 18, a qual era comandada pelo arquiteto Maurício Chagas. Com ele trabalhavam vários estagiários, que faziam o levantamento dos casarões e o cadastro das casas e ruínas. Isso tudo começou a funcionar um pouquinho depois da Casa do Benin, que foi realmente uma experiência-relâmpago e deu o rumo que deveríamos tomar. Essa foi uma escolha sábia do Roberto, porque era uma casa muito evidente no Pelourinho.

Voltando para a cadeira. Hoje, ela está na coleção do Museu de Arte Moderna (MoMA), em Nova York. A cadeira Girafa acabou criando uma família: a mesa Girafa, a banqueta Girafa, a bordadeira Girafa, o banco de bar Girafa. Tudo isso a partir de uma ideia que, em determinado momento, Lina insistia que não daria certo.

Essa cadeira também começou na Casa do Benin. Desenvolvemos todo o mobiliário da casa do representante do Benin, mas depois tudo isso desapareceu e não sabemos que fim levou.

---

44 Vale destacar a relação de Lina Bo Bardi com o design industrial no final da década de 1940, em sua atuação com o Studio de Arte Palma e a fábrica de móveis Pau Brasil, assim como o projeto não realizado da criação de uma Escola de Design Industrial na Bahia, no fim da década de 1950, que articularia os saberes populares do pré-artesanato do Nordeste como base para o desenvolvimento do design industrial brasileiro.

O conteúdo

O programa da Casa do Benin nunca esteve dissociado da arquitetura, porque as coisas andavam completamente juntas. O grande fotógrafo e antropólogo Pierre Verger foi responsável pelo conteúdo, acompanhado de sua colaboradora Arlete Soares. É importante lembrar que foi o reencontro de Lina e Verger depois do trabalho interrompido de criação do Museu de Arte Popular no Solar do Unhão (1964). Então, foi uma comitiva para o Benin – Arlete, Verger e várias outras pessoas – para trazer de lá materiais de toda ordem para a Casa do Benin: tecidos, objetos, mapas, documentos, réplicas de documentos... O que não veio de lá foi recolhido na cultura iorubá de Salvador, principalmente nos terreiros de candomblé, como um trono maravilhoso que ficou um bom tempo emprestado na Casa do Benin, assim como tabuleiros do jogo do Ifá. Muita coisa já estava na Bahia, coisas africanas que tinham sido trazidas sabe-se lá quando do antigo Daomé.

Esse encontro foi muito interessante, quando o pessoal veio com o programa que iríamos fazer na Casa do Benin. O térreo seria uma grande exposição contando a história da cultura iorubá. Isso para dizer aos baianos, brasileiros, soteropolitanos, para todo esse povo de santo, e, não só, para toda a Bahia – que sempre designou a Bahia, Salvador e o Recôncavo, pois tudo isso era Bahia: "Vejam o quanto disso vem da costa da África, e quanto disso ainda está vivo aqui em Salvador!". O primeiro pavimento foi inaugurado com uma exposição fotográfica, um espaço para exposições temporárias, encontros e eventos.

Na montagem dessa exposição aconteceu algo interessante. Fomos nós que desenhamos todo esse mobiliário que, ainda hoje, deve estar lá. São aqueles expositores de madeira bruta, pregados ora formando vitrines altas, ora planas. Então começamos a trabalhar com os objetos, as coleções. Em alguns momentos, Verger dizia: "Isto não pode estar perto disso" ou "Isso tem que estar longe disso, não podem ficar juntos". E Lina: "Mas, Verger, isso aqui é uma exposição, deixa comigo. Em exposição não é assim. Tem que ficar bom como exposição!" Vez por outra, eles discutiam: ele defendia a lógica do uso de certos objetos, de dentro dos cultos; ela enfatizava a questão expositiva, relacionada à comunicação com o público que visitaria a Casa do Benin. Foram muitos os embates entre Verger e Lina.

E continuaram quando ambos vieram a São Paulo para montar a exposição do centenário da abolição da escravatura, em 1988, no Masp: a exposição *África Negra*, também com coisas do Benin[45].

Esse programa de intercâmbios foi implantado na Casa do Benin e era o que queríamos na Casa de outros países, de outros povos e de outras culturas. Na inauguração da Casa do Benin, veio uma grande comitiva do Benin: o ministro da Cultura, o prefeito de Cotonou, o ministro de Relações Exteriores, grupos de música, dança, estudantes e pesquisadores, que num primeiro momento ficaram na Casa.

Eles visitaram alguns terreiros e passaram um tempo em Salvador. Foram encontros maravilhosos em volta da inauguração da Casa do Benin, tivemos almoço no Ilê Axé Opô Afonjá, além de almoços e jantares em outros terreiros. Houve apresentações e cultos em que meninos, jovens vindos do Benin, conseguiam cantar os mesmos cantos, tocar os mesmos toques de atabaque, dançar as mesmas danças. Um reencontro. Quer dizer, a prova de uma separação ocorrida quase cem anos antes, entre o Brasil e uma das matrizes da cultura iorubá do golfo do Benin, e que ali se mostrava presente na cultura, vivíssima, daqui e de lá.

A Casa do Benin foi fundamental para ligar essas duas pontas. Foi o exemplo para que daí em diante novas casas fossem criadas[46]. É o tipo de projeto de arquitetura que forma pessoas e gerações, que educa. É tudo o que gostaríamos como foco para a arquitetura, sobretudo para a arquitetura pública.

---

45 A exposição *África Negra* foi realizada entre maio e junho de 1988 no Masp, apresentando peças de arte africana oriundas do Museu do Homem e do Museu de Artes Africanas e Oceânica, ambos em Paris. Havia também fotografias de Pierre Verger e uma programação com exibições de filmes, documentários e apresentações de dança do Balé Popular do Benin. (N. do E.)

46 A ideia inicial era construir várias casas recuperando imóveis degradados do Centro Histórico: Casa do Benin, Casa do Olodum, Casa de Cuba, Casa de Portugal/ Fernando Pessoa, e assim ir criando certa irmandade entre essas casas, entre a cidade de Salvador e esses países, povos, culturas.

Lina
e o
tempo
2022

Mas o tempo linear é uma invenção do Ocidente, o tempo não é linear, é um maravilhoso emaranhado onde, a qualquer instante, podem ser escolhidos pontos e inventadas soluções, sem começo nem fim[47].

Lina Bo Bardi

ESSA FRASE DE LINA SOBRE O TEMPO foi usada no painel de abertura da exposição *Lina Bo Bardi* na China, em 1998. Durante a montagem, o diretor da Faculdade de Arquitetura da Universidade de Hong Kong, professor Eric Lye, presenteou-nos com um desenho representando o tempo segundo a dinastia Sung do Norte (960-1127).

Tratava-se de um emaranhado de linhas que faziam volutas, sem começo nem fim definidos. Linhas construídas por pontos e traços descontínuos, com interrupções que poderiam ser interpretadas como uma miríade de caminhos, ou as veredas de Guimarães Rosa. Caminhos no tempo que poderiam ser trilhados livremente.

---

47 Marcelo Ferraz (Org.), *Lina Bo Bardi*. São Paulo: Empresa das Artes; Instituto Lina Bo e P. M. Bardi, 1993.

O diagrama era a perfeita ilustração para a frase de Lina, e a frase, a explicação do diagrama. Sem pestanejar, surpreendidos que estávamos com esse encontro de visões do tempo convergentes, mas espaçadas por quase mil anos, fizemos um novo painel para a abertura da exposição, reunindo texto e diagrama.

Conto essa passagem sobre um encontro tão significativo de modos de ver, pensar e representar o tempo, numa dimensão expansiva e libertadora, para ilustrar o modo de agir de Lina na criação de seus espaços, de suas arquiteturas. Esse encontro fortuito com o Extremo Oriente referenda, de certa forma, a afirmação de Lina de que "o tempo linear é uma invenção do Ocidente". Mas nessa citação, Lina quer dizer mais: sua referência aos diferentes tempos parece ser uma maneira de dizer *não* a muitos aspectos da civilização ocidental, uma reverência ao tempo não cronológico, comum a tantos povos originários e culturas do planeta, a começar pelos nossos povos indígenas.

Em outro momento de reflexão sobre a cultura brasileira, no livro *Tempos de grossura: O design no impasse* (1994), Lina diz que:

> O Ocidente continua tomando em consideração somente as manifestações culturais dos grupos de poder central; e não sai deste impasse. Mas, apesar dos esforços para demonstrar o contrário, o Brasil é mais África-Oriente do que Ocidente. Portugal também não é meramente Europa: é um país Atlântico[48].

Reforçando esse argumento sobre ser mais ou menos ocidental, lembro aqui das inúmeras vezes que Lina, citando Gilberto Freyre, refere-se ao tempo hispânico como uma chave para compreender o Brasil. Tempo não linear, que não se submete ao cronômetro, tempo do sertão, dos animais e vegetais, ligado aos fenômenos da natureza; tempo de viver o ócio de forma digna e criativa. Passado, presente e futuro fundindo-se, conciliados.

Essas reflexões deixam claro o constante combate de Lina às limitações, aos enquadramentos, às "amarras do passado", como costumava

---

48 Lina Bo Bardi, *Tempos de grossura: O design no impasse*. Org. de Marcelo Suzuki. São Paulo: Instituto Lina Bo e P. M. Bardi, 1994.

dizer, impostas ao mundo ocidental de matriz europeia e racionalista; aos princípios que moldam o mundo prioritariamente pela ótica da produção, que valorizam somente o trabalho incessante e produtivo dos homens. Lina era incansável em repetir que sempre procurou a arquitetura da liberdade, que sempre procurou ser livre diante das coisas, diante do mundo.

Isso tudo pode parecer retórica ou força de expressão, mas não é. Essa vontade de ser livre se lê, se vê e se experimenta nos espaços criados por Lina. Esse estar atenta à busca de liberdade é matéria-prima de seu projetar, de seu criar a arquitetura com rigor e poesia.

Tomemos como exemplo três de seus projetos de forte inserção urbanística e intenso uso coletivo: o Solar do Unhão, em Salvador, o Masp e o Sesc Pompeia, ambos em São Paulo. São espaços que apostam na possibilidade de vida em sociedade, na possibilidade de compartilhamento; espaços que promovem encontro, convívio e tolerância entre diferentes; espaços de respeito que reforçam a crença nessa criação humana sem igual chamada cidade. Esses três projetos enfrentam o desafio de atender ao instinto gregário que nos habita e nos transforma em grupos, coletivos, comunidades, cidades e até metrópoles.

São projetos que procuram responder às necessidades humanas de relacionamento em seus aspectos universais e locais a um só tempo; que buscam atender às demandas do corpo. "Vejo a arquitetura como convívio: comer, sentar, falar, andar, ficar sentado tomando um pouquinho de sol..."[49], diria Lina. São espaços que promovem o livre observar do movimento alheio, como nos cafés, nas ruas e nas calçadas; observação essa que impõe o exercício do respeito como postura e comportamento de quem observa e de quem é observado. Somente uma atenção aguçada ao comportamento humano e um grande talento, livre de amarras, poderia oferecer tais vivências ou experimentos em projetos de arquitetura. Lina afirma: "A arquitetura não é somente uma utopia, mas é um meio para alcançar certos resultados coletivos."[50]

Lina projetava longe de modismos, regras preestabelecidas e questões formais como ideias de composição e eixos imaginários, modos

---

49 Documentário *Lina Bo Bardi* (1993). Dir. de Aurélio Michiles, rot. e ed. de Isa Grinspum Ferraz.
50 Idem.

ainda habituais de fazer arquitetura. Buscava soluções em exemplos de qualquer canto do planeta: da antiguidade dos zigurates à tecnologia de ferrocimento de Lelé (o arquiteto João da Gama Filgueiras Lima), passando pela Alhambra, ou pela tecnologia do carro de boi, que a ajudou a criar a genial escada do Solar do Unhão. Sempre buscou trabalhar com o que tinha às mãos, e do ponto de vista material e técnico, sempre com os pés no chão. Era também ambiciosa e ousada na busca de soluções que servissem aos seus projetos, aos seus sonhos de espaços plenos de convivência, sem as limitações do tempo.

Cito aqui alguns exemplos. No conjunto do Unhão, Lina demole alguns edifícios, tão antigos quanto os que lá ficaram, para abrir uma praça à beira da água, com piso de pedra, que lembra as praças medievais europeias e hoje recebe encontros de música, como o hoje consagrado Jam no MAM, que reúne jovens, artistas, músicos, poetas, famílias com crianças de colo, idosos, sem distinções de classe. Um oásis de paz na metrópole soteropolitana.

No Masp, o disputado vão livre é palco central de manifestações de todo tipo, espécie de umbigo político da cidade. É também o respiro visual, o conforto como surpresa no meio do ruído da cidade, um escape para o transeunte que sai da calçada da avenida e adentra essa espécie de varanda urbana, abrigo de sol e chuva, com pedra e grama. No vão livre, também oásis na frenética urbe paulistana, encontramos uma pausa no tempo do relógio urbano.

Ainda no Masp, os polêmicos cavaletes de concreto e vidro projetados por Lina para expor as pinturas da coleção na nova sede do museu, inaugurada em 1968, aboliram em definitivo as paredes como suportes. Tiraram as obras do plano bidimensional para deixá-las "soltas" e livres no espaço, criando uma coreografia expositiva em que os quadros parecem bailar acima do solo. E o espectador faz parte desse espetáculo.

Nesse mar de pinturas flutuantes, Lina dá novamente uma estocada no tempo linear. É preciso lembrar sua parceria com o professor Pietro Maria Bardi, um dos criadores do museu, quanto à ousada decisão de organizar a pinacoteca, pondo os grandes mestres da pintura e da escultura todos juntos, sem separação por escolas, tempos ou estilos. Estão todos juntos no presente, atuando em um grande concerto.

Por fim, o Sesc Pompeia, obra madura na qual Lina deposita todas as suas fichas, reunindo as experiências anteriores do Unhão e do Masp, o que deu certo com o que não conseguiu realizar e implantar. Lina escreveu:

> Foram aproveitadas todas as experiências feitas em São Paulo, no Unhão e na Bahia entre 1959 e 1963, no Rio e ainda em São Paulo, até 1968, quando foi inaugurado o Museu de Arte na Paulista. Aproveitamos tudo, até a gloriosa cafajestada cultural (seríssima) dos Diários Associados, corrente da cultura popular do país. (Popular não no sentido da música popular dos anos 1970-1980, mas do povo mesmo, contados os defeitos que a cultura erudita pode atribuir à cultura popular cafajeste)[51].

Observamos no Sesc a vida pulsante de seus frequentadores, que parecem sentir-se em casa, donos dos espaços, mas donos de uma propriedade que é coletiva, constituindo aquilo que Lina, em certo momento, chamou de "experiência socialista".

Em um de seus depoimentos sobre o Sesc Pompeia para um documentário da TV Cultura, *Panorama Fábrica da Pompeia* (1982), Lina volta a atacar o Ocidente, explicitando o que procurou no projeto e o que já estava acontecendo no recém-inaugurado centro de lazer:

> O centro da Fábrica da Pompeia é uma tentativa para criar um ponto de reunião que não seja uma imposição cultural, ou um fato artístico, mas alguma coisa que fosse um reencontro daquilo que hoje está praticamente perdido, e não somente no Brasil, que é uma solidão acompanhada pelos outros. O fato de o centro da Fábrica da Pompeia ser uma fábrica é importante porque em geral a ideia de lazer é uma ideia de esquecimento do trabalho, ao passo que aqui foi procurado um sentido dialético trabalho-lazer, isto é, a fábrica lembra o trabalho, mas não um trabalho escravo, um trabalho livre que poderia ser um lazer. [...] Aqui temos um centro de convivência onde acontecem eventos ou atividades gerais e onde o pessoal é livre. O pessoal se acostumou a uma convivência coletiva individual, estranhamente. Quer dizer: é a solidão

---

51 Anotações dispersas de Lina, Acervo Instituto Bardi, sem data.

no meio dos outros, o que é a coisa mais difícil de ser alcançada especialmente no Ocidente, numa sociedade como a nossa, de barulhos e de acontecimentos terríveis[52].

Nessa entrevista, Lina retoma a ideia de que a liberdade só pode ser alcançada com a superação do tempo cronológico ou, pelo menos, com a possibilidade de experimentarmos momentos em nossa vida cotidiana nos quais nos livramos dele. A liberdade da "convivência coletiva individual" é uma imagem inventada por ela que sugere certo aconchego e conforto; é uma imagem que lembra a situação de uma criança de colo dormindo tranquila no meio de uma festa agitada, sentindo-se protegida pelos outros.

No estrato mais fino da sua arquitetura, que combina diferentes tempos, o Sesc Pompeia contém uma sutileza que brinda a convivência acima de tudo. Aponta soluções e rumos para a construção de uma cidade ideal, como se ela pudesse existir, sem automóveis, onde as pessoas são iguais (mesmo em suas diversidades) e não têm um relógio sobre sua cabeça. Em resumo, é uma cidade que deu certo. Com certeza, outro potente oásis em São Paulo.

Poderíamos citar tantos outros exemplos da obra de Lina que rompem com a noção de tempo linear em sua estruturação material ou imaterial, como a igreja do Espírito Santo do Cerrado, que parece trazer um pedacinho da Roma antiga para a periferia de Uberlândia, ou os projetos-piloto para a recuperação do Centro Histórico de Salvador, a começar pela ladeira da Misericórdia, que retoma o papel da muralha na arquitetura, mas construída com leveza e alta tecnologia (muralhas de argamassa armada ou ferrocimento).

Mas fiquemos com os três grandes exemplos, Solar do Unhão, Masp e Sesc Pompeia, que acabaram se revelando opostos à arquitetura-show, ou arquitetura do espetáculo, que tantos simulacros produziu nas últimas décadas mundo afora; arquitetura que parece ter saído dos trilhos ou ter se afastado de seu fundamento original, que é a criação do abrigo – da casa à cidade. Seguramente, podemos afirmar que essa não é a arquitetura do Solar do Unhão, do Masp e do

---

52 Depoimento de Lina no documentário *Panorama Fábrica da Pompeia*, São Paulo, TV Cultura, 1982.

Sesc Pompeia, abrigos de escala metropolitana, vivos, necessários e com muita vida pela frente. Seriam eles arquitetura de muitos tempos? O tempo dirá.

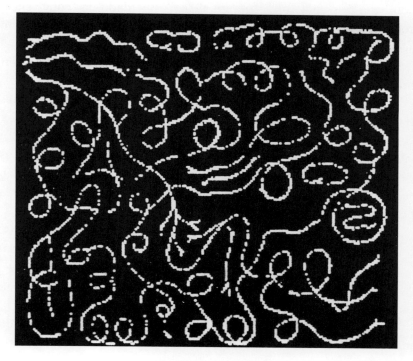

Representação do tempo para a dinastia
Sung do Norte (960-1127).

Aldo
encontra
Lina

2022

1994 – outubro/ novembro – Londres

Na imponente sede do Instituto Real de Arquitetos Britânicos (Royal Institute of British Architects – Riba), em Londres, um senhor que visitava a mostra *Lina Bo Bardi 1914-1992*, apresentada naquele momento na sala principal, a Florence Hall, corria de painel em painel, indo e voltando. Extasiado, comentava em voz alta para sua mulher – mas, principalmente para si mesmo – cada surpresa, cada descoberta, cada uau! de perder o fôlego e suspirar profundo. E se perguntava: "Como eu não conhecia tudo isso?", "Estive com ela em 1979 e nunca mais tive notícias. Por onde ela andava todo esse tempo?" E concluía: "Temos que levar esta exposição para a Holanda."

Quem nos relata a cena é Elisabetta Andreoli[53] que, vendo a agitação e excitação do homem, pensando em quem seria ele, vai até o livro

---

53 Elisabetta Andreoli, amiga e entusiasta da obra de Lina, foi quem conseguiu viabilizar a exposição no Riba e dividiu comigo a montagem e as responsabilidades, como comissária da apresentação londrina da mostra *Lina Bo Bardi*. Realizada pelo Instituto Bardi, essa mostra foi apresentada em 46 cidades da América, Europa e Ásia, de 1993 a 2001. Continha muitas peças de mobiliário, maquetes, fotografias e mais de trezentos desenhos originais de Lina.

de visitas e vê sua assinatura: Aldo van Eyck. Aquele senhor inconformado por ignorar, até então, o que via em gozo intelectual e estético, era o famoso e polêmico arquiteto holandês, figura proeminente do grupo Team 10, que agitou o ambiente da arquitetura no final dos anos 1950 e início dos anos 1960.

Lina havia falecido poucos anos antes, em 1992, sem nunca ter publicado um livro com suas obras ou exposto seu trabalho de forma sistematizada, com exceção de uma exposição realizada no Salão Caramelo da Faculdade de Arquitetura e Urbanismo da Universidade de São Paulo (FAU-USP), em 1989, que durou apenas cinco dias[54]. Ou seja, quase nada. Lina queria trabalhar e realizar, edificar, fazer arquitetura para servir "ao outro", e não perder seu precioso tempo, já em uma idade madura, com publicidade ou promoção de seu trabalho. "Vocês, os pósteros, que façam os livros depois de minha morte. Afinal...", dizia, "estamos fazendo o projeto mais importante da vida, não é?" O projeto mais importante da vida era sempre o da vez, aquele que estava na prancheta. Comentário natural para quem tem o foco no presente – e futuro – sem nostalgia do que já passou.

1969 – São Paulo

De volta do 10º Congresso Mundial de Arquitetura que acabara de acontecer em Buenos Aires, Aldo van Eyck, convidado pelo colega Joaquim Guedes, faz escala de alguns dias em São Paulo para conhecer a cidade e um pouco de sua arquitetura. Na ocasião, a pedido de Guedes, Lina organiza um almoço em sua casa no bairro do Morumbi (hoje famosa e conhecida como Casa de Vidro) para o ilustre convidado. Com o passar do tempo e o desaparecimento desses personagens principais, não conseguimos identificar outros participantes desse encontro que pudessem nos contar um pouco mais, além do que ouvimos diretamente de Lina e Aldo. Aquele foi o único encontro pessoal dos dois e parece que memorável para ambos, por diferentes

---

54 *Arquitetura e...* (1989), primeira exposição abrangente da obra e sobre Lina Bo Bardi que serviu de base para a grande mostra *Lina Bo Bardi* (1993-2002).

registros, como nos revelaram em depoimentos ou conversas muito tempo depois.

Do encontro, Lina ficara com a memória do arquiteto rebelde que continuava lutando contra o *status quo* da arquitetura oficial, aquela que dominava os congressos e, de certo modo, referendava a destruição em curso de cidades mundo afora, travestida de renovação e progresso. Não podemos esquecer que a década de 1970 foi um dos piores períodos para as cidades, devido ao apogeu do internacionalismo arquitetônico que impulsionava uma "receita" única de arquitetura para qualquer parte do planeta.

Quando digo que Aldo continuava lutando é porque carregava em sua bagagem a responsabilidade (com o grupo Team 10) por ter detonado e ajudado a enterrar o famoso Congresso Internacional de Arquitetura Moderna (Ciam). No encontro de Otterlo, na Holanda, em 1959, condenou os princípios simplificadores da Carta de Atenas, reivindicando uma "nova arquitetura", com dimensão mais cultural, que pudesse reunir o antigo com o novo, mas sem o revivalismo histórico. É interessante notar que esse mesmo "revivalismo", anos mais tarde, acabou desembocando no movimento pós-moderno na arquitetura, combatido fortemente tanto por Lina quanto por Aldo, como veremos adiante.

Desse encontro no Morumbi, Aldo van Eyck nos revelou, tempos depois em nossas conversas em Amsterdam, em 1995, que ficara impressionado com a recepção de Lina, pelo refinado despojamento, naquela casa moderna e cheia de objetos e obras de arte de diferentes épocas, livros e revistas por todo lado. Disse que nunca se esqueceu do maravilhoso almoço, antecedido por batida de limão com pinga, servido em lindos pratos com enormes camarões afogados em gelatina de mocotó. Almoço também regado a muita conversa acalorada sobre arquitetura. Mas Aldo se impressionara, principalmente, pela postura provocativa e crítica de Lina quanto aos rumos que a Europa tomava, não só na arquitetura, mas na política, fazendo "renascer os velhos fantasmas do fascismo". Lina já se sentia fora desse circuito, era brasileira por opção havia vinte anos e desdenhava do Velho Mundo mofado e anacrônico que abandonara voluntariamente. Lina sabia provocar como ninguém, mas provocava com charme e sedução. É importante ressaltar que essa foi a tônica de seu discurso até a morte, em 1992.

1995 – Amsterdam

Aldo van Eyck nos recebe em sua casa para tratar da possível ida da mostra Lina Bo Bardi para a Holanda. Nessa altura, todas as avançadas tratativas que nós do Instituto Bardi vínhamos mantendo com o Beurs van Berlage[55] para a apresentação da exposição de Lina em seu grande salão nobre acabavam de ir por água abaixo por uma oferta mais "apetitosa e atraente", que nos tira do páreo. Uma mostra *blockbuster* de Salvador Dalí, sucesso garantido de público, entra na agenda e nos atropela. Aldo, revoltado com o relato do nosso fracasso em Amsterdam, sugere a Universidade de Delft e se dispõe a ajudar em tudo o que fosse possível, inclusive apresentando Lina e sua obra numa aula magna de abertura da mostra. E assim foi.

Dessa vez, nossa ligação com a universidade foi por meio dos estudantes, do grêmio universitário Stylos. Foram figuras cruciais os amigos Max Risselada, professor da Faculdade de Arquitetura, que havia sido colaborador de Aldo nos anos 1950 – muito ligado e querido dos estudantes do Stylos –, e Paul Meurs, arquiteto e agitador cultural que havia morado no Brasil recentemente. Eles viabilizaram a exposição, o lançamento do livro e documentário, em uma batalha um tanto *underground*. Sim, os recursos financeiros eram mínimos, o trabalho dos estudantes era voluntário, quem recebia a exposição oficialmente era o grêmio Stylos, e não a direção da escola de arquitetura da Universidade Técnica de Delft (TU Delft). Para completar esse ambiente contracultural, Aldo marca sua volta magistral à faculdade com Lina na bagagem, depois de vinte anos afastado por desacordos.

1995 – setembro – Delft

Municiado por Lina e sua obra, Aldo faz as pazes com a escola, mas começa – ou continua – uma nova guerra. Apresenta Lina como um antídoto aos arquitetos estrelados (conhecidos por fazerem parte do

---

55 Beurs van Berlage é um edifício no centro de Amsterdam que abrigou a antiga bolsa de mercadorias. Projetado pelo arquiteto Hendrik Petrus Berlage (1856-1934) e construído entre 1896 e 1903, influenciou muitos arquitetos modernistas, em particular os funcionalistas e a Escola de Amsterdam. Atualmente é usado para concertos, conferências e exposições.

star system) e à arquitetura que praticavam naquele momento. Era o apogeu da "arquitetura show", ou arquitetura do espetáculo, com seus malabarismos que, por mais de uma década, dominaram a mídia, fascinando jovens arquitetos e estudantes, vendendo simulacros e substituindo os verdadeiros princípios da profissão pelo glamour e sucesso a qualquer custo.

Aldo não deixa por menos. Em sua aula, acusa vários desses arquitetos – citados pelas iniciais de seus nomes – de irresponsáveis, guiados pela vaidade, por estarem desviando os rumos da arquitetura, tirando-a de seus fundamentos de prover a morada, a cidade como palco de encontros... Tudo isso para voltar a produzi-la como imagem de dominação e poder para poucos.

Havia sido vão todo o esforço do movimento moderno da arquitetura no período entreguerras, principalmente na Europa, de colocar a construção da habitação do ser humano – operário, urbano – no centro das atenções. Na verdade, havia ido por água abaixo muito tempo antes e esse movimento da "arquitetura show" celebrava a morte daquele ideário, mesmo que o discurso fosse outro.

1996 – abril – São Paulo

Com o relativo sucesso da exposição em Delft, Paul Meurs resolve investir mais no "encontro" Lina e Aldo e propõe para o canal de televisão holandês VPRO a produção de um documentário[56] a ser filmado no Brasil, com a presença de Aldo van Eyck passeando e apresentando as obras de Lina em São Paulo e na Bahia. Aldo topou a empreitada e a viagem – nada confortável para um homem idoso.

Além da produção normal para realizar um filme, monta-se um esquema para aparar arestas e conter impulsos inesperados de Aldo, como a possível desistência de seu papel fundamental no meio da viagem. Estávamos pisando em ovos. Na comitiva holandesa, além da equipe da TV, acompanham Aldo sua mulher Hannie van Eyck, Max Risselada, Paul Meurs e sua mulher Patrícia.

---

56 Documentário da série *Tarde da noite, depois de uma caminhada*, da TV holandesa do canal VPRO.

Aldo é recebido para um almoço na Casa de Vidro – nesse momento sede do Instituto Bardi, regado a batida de limão e uma deliciosa feijoada do Bolinha. É também seu reencontro com o velho amigo Joaquim Guedes, que o apresentara a Lina quase vinte anos antes, em outro almoço memorável. Aldo, elétrico e excitado, está mais interessado na casa e seu conteúdo do que nas pessoas. Parece procurar o espírito de Lina em cada canto. Com sua Canon pendurada no pescoço, fotografa tudo: detalhes da arquitetura da casa, pequenos objetos, obras de arte, o que passa pela frente. E, claro, arma-se com a energia de Lina para os dias seguintes nas visitas ao Sesc Pompeia e Masp.

Sesc Pompeia
O entusiasmo e a emoção de Aldo na visita ao Sesc Pompeia são ainda maiores. A locação escolhida para gravar seu depoimento foi o deck/solarium, ou que nos dias quentes de verão é conhecido como "praia dos paulistanos". Aldo fotografa tudo, sobe por uma escada de marinheiro até a laje da torre de ar condicionado a fim de buscar de um melhor ângulo das passarelas do bloco esportivo. Com a cena da "praia" lotada, em uma arquitetura surpreendente, sofisticada e simples, Aldo se interroga com exclamações: "Ufa!", "Como é possível?", "*Terrific!*"

Nesse dia, o momento mais tocante foi a visita aos ateliês de artes manuais, construídos com paredes em blocos de concreto para diferenciá-las das paredes de tijolos originais da antiga fábrica. Acompanho Aldo até lá e conto que aquelas paredes eram uma "homenagem a Aldo van Eyck", citação essa repetida pela própria Lina em várias oportunidades. Havia sido uma decisão de projeto referenciada no pavilhão de Sonsbeek, desenhado por Aldo em 1965 e admirado por Lina quando de sua construção, largamente publicado nas revistas de arquitetura internacionais. Mais uma vez, Lina havia passado por perto, mas escapado. Aldo se emociona, lamenta o desencontro, mas comemora que, em algum lugar, houve sintonia entre eles.

Museu de Arte de São Paulo

No dia seguinte, a FAU-USP e o Instituto Bardi organizaram uma aula magna de Aldo van Eyck no auditório do museu. Dessa vez, uma palestra dividida em duas partes. A primeira sobre Lina, em tom de homenagem e de descoberta (mostrando slides) sobre aspectos de sua obra; a segunda sobre seu próprio trabalho. Um auditório lotado por arquitetos e estudantes ouve sua contundente crítica à retirada iminente dos cavaletes de vidro e ao desmanche em curso da museografia de Lina e Bardi da pinacoteca do Masp. Estávamos no grande auditório, três pavimentos abaixo da pinacoteca, e o diretor do museu à época – que promoveu o tal desmanche –, um tanto envergonhado e ofendido pelo que ouvia, deixa a palestra pelo meio.

O combate de Aldo, somado a resistência e crítica de intelectuais e artistas brasileiros, não foi suficiente: no início de 1997, a expografia de Lina da pinacoteca do Masp é destruída, dando lugar a um labirinto de salas escuras e tristes, bem ao modo dos palacetes europeus do século XIX.

1996 – Salvador

A caravana de filmagem do documentário segue para a Bahia, segunda e última parada. A Bahia, diga-se de passagem, provoca uma explosão de sentidos para o estrangeiro recém-chegado e com sede de cultura. Ali está uma cidade impregnada pela arquitetura e pelo povo da rua. O complexo do Solar do Unhão deixa a todos estupefatos pelo encontro da arquitetura colonial com a mais moderna intervenção arquitetônica, representada pela magnífica escada de madeira projetada por Lina.

O passeio de Aldo pela escada, comentando cada visada do espaço, cada passo e possibilidade de subi-la e descê-la, parando e sentando nos degraus, apalpando a madeira com as mãos, faz dessa performance a melhor aula – jamais dada – sobre essa tão cantada e louvada obra-prima. É também o ponto alto do documentário feito pela VPRO. Uma espécie de síntese do que Aldo via em Lina, e que eu arriscaria chamar de "liberdade de criação", algo muito difícil e caro para se conseguir.

Como não poderia ser diferente, nossa visita à ladeira da Misericórdia, recém-acabada e já destruída[57], é uma breve viagem às vísceras de um Brasil que insiste em não dar certo. Não o Brasil do Sesc Pompeia, Masp ou Solar do Unhão. Ali, na Misericórdia, era a miséria e a "miséria moral", termo usado por Lina seguidamente, que imputava a culpa aos dirigentes políticos, aos poderosos e à elite brasileira. O conjunto havia sido invadido por um grupo sem-teto que, além de fazer dali sua morada, fez uma verdadeira "limpa", vendendo janelas, vasos e metais sanitários, lâmpadas e fios elétricos, mobiliário etc.

As filmagens ocorrem em um momento estratégico para documentar a cena local (também tipicamente brasileira), colocando Aldo diante de uma realidade um tanto difícil para ele, uma realidade que, para Lina, dava o xeque-mate na função e no papel da arquitetura em sociedades pobres, como nos países do Terceiro Mundo. Longe da velha Europa, dos esquemas matemáticos e modelos estruturais de pensar a arquitetura; longe das lutas de poder entre grupos de arquitetos, Aldo se encontra, como em uma vertigem, com a mais crua realidade, que apela com urgência por uma arquitetura de morar, pelo abrigo digno e para todos. Naquele momento, Aldo encontra Lina.

---

57 "Aqui tudo parece construção, mas já é ruína", frase de Caetano Veloso muito bem lembrada por Marcelo Suzuki no documentário holandês.

anotação

uma vaca mansa
andando na rua
e um berrante
tocando "pontos".

SESC POMPÉIA
EXP. Caipiras, Capiau; Pau a Pique
Lima S.P. Junho '84.

Ao lado de Lina, trinta anos depois

2022

MUITO SE FALOU E SE ESCREVEU sobre Lina Bo Bardi nos últimos anos, culminando recentemente com a publicação de duas biografias[58] e com o prêmio póstumo da Bienal de Veneza, o Leão de Ouro, em 2021. Lina morreu há exatos trinta anos – em 20 de março de 1992 –, ainda pouco conhecida mundo afora. No Brasil, sua obra começava a ser mais reconhecida e respeitada à medida que se consolidava a importância do centro de lazer Sesc Pompeia em seus primeiros anos de vida (inaugurado em duas fases, a primeira em 1982, e a segunda, em 1986).

O sucesso de sua intervenção radical no conjunto fabril, construído pelos irmãos Mauser, nos anos 1930, era tamanho e tão evidente que não poderia ficar fora da agenda da produção arquitetônica da época e do mundo acadêmico. Mesmo aqueles que tentaram "tapar o sol com a peneira" tiveram que reconhecer a importância de sua original intervenção, ao depararem com uma nova luz no cenário da arquitetura brasileira, a que brilhava no bairro da Pompeia.

---

58 *Lina: Uma biografia*, de Francesco Perrotta-Bosch (São Paulo: Todavia, 2021) e *Lina Bo Bardi: O que eu queria era ter história*, de Zeuler R. Lima (São Paulo: Companhia das Letras, 2021).

Os críticos eram, em sua maioria, os que apoiaram os vinte anos de ditadura militar e que viam na cultura de resistência e convivência – pela qual Lina sempre militou – um inimigo. Mas eram também figuras do próprio meio profissional e acadêmico que negavam a Lina seu merecido lugar no panorama da arquitetura contemporânea brasileira. Um lugar de importância mais do que óbvio, se mirarmos pelos olhos de hoje, trinta anos depois de sua morte. Afinal, o Masp e o Solar do Unhão já eram obras realizadas, mas não haviam sido ainda "digeridas" e aceitas em meio às correntes hegemônicas do fazer arquitetônico brasileiro.

Lina sempre foi um caso à parte e sabia perfeitamente seu lugar, onde devia estar e acompanhada por quem. Quando se negava a participar de eventos ou publicações que a deixavam no segundo ou terceiro escalão de profissionais brasileiros, diante de nossa insistência para que ela participasse, não hesitava em dizer: "Se for com Niemeyer ou Lucio Costa, eu topo."

O fenômeno Lina está em processo de decantação e há ainda muito de sua obra a ser esmiuçada e compreendida. Mulher, estrangeira, casada com o poderoso e polêmico diretor do mais importante museu de São Paulo, o Masp, discreta e recolhida em sua casa e seu trabalho, mas alimentando lendas e mitos, intransigente em seus princípios e opções políticas – Lina incomodava muito. Após sua morte, abriu-se o espaço para bons trabalhos críticos, mas também para sua folclorização.

Com os novos ares trazidos ao país pelo fim da ditadura militar e o surgimento do Sesc Pompeia, estava ali o arquiteto que fundia programa com projeto, sem possibilidade de separação, em uma retroalimentação mútua que resultava em arquitetura de uso pleno, arquitetura em que todos se sentem "em casa", em que todos compartilham e são acolhidos ao mesmo tempo. Uma verdadeira "ação arquitetônica" nos moldes das vanguardas europeias do começo do século XX, retomando a discussão em torno da ideia de obra de arte total, a *Gesamtkunstwerk*[59]

---

[59] Conceito estético oriundo do romantismo alemão do século XIX, geralmente associado a Richard Wagner, o termo refere-se à conjugação de música, teatro, canto, dança e artes plásticas em uma única obra de arte.

de Richard Wagner, ou do Teatro Total[60] de Gropius e Piscator. Imbuída desse espírito e com três décadas de Brasil na bagagem, Lina enfrentava a difícil realidade terceiro-mundista.

Muitos poderiam dizer que toda arquitetura sempre foi feita assim: programa e depois projeto. Onde está a diferença? Talvez, revelando um pouco do método de trabalho de Lina, seja possível arriscar argumentos que fazem diferença nos resultados. Lina começava seus projetos pelo fim. Explico: seu programa consistia em visualizar o projeto pronto e, mais do que isso, em uso; pessoas em ação nos espaços, convivendo, se divertindo, criando. Sim, criando, porque a arquitetura não se encerra com o fim das obras; ela se faz viva e vital a partir do momento em que é habitada, no uso e na experiência do espaço. Lina nunca quis para a arquitetura o simples recipiente de funções, mas algo para além, um propulsor de ações, movimentos, encontros, criações e até tensões; arquitetura para fazer pensar, provocar os neurônios. Muitas são as polêmicas sobre seus trabalhos: vão dos cavaletes de vidro do Masp às cadeiras duras do teatro do Sesc Pompeia; das soluções "pobres", como costumava dizer, em tom provocativo, sobre a igreja do Espírito Santo do Cerrado, em Uberlândia, aos "feios" Masp e as torres de concreto do Sesc Pompeia, como dizia em provocação.

Para ilustrar esse método – começar pelo fim –, cito alguns projetos. No Centro Histórico de Salvador (1986), Lina desenha (projeta) uma cena de crianças brincando na Praça Municipal, tomando banho em uma cascata chamada por ela de cachoeira de Pai Xangô; na reforma do Palácio das Indústrias, em São Paulo (1989), para abrigar a Prefeitura Municipal, ela começa com a imagem de crianças correndo atrás da banda da Polícia Militar em volta do palácio que, para ela, lembrava um castelinho de brinquedo; no concurso para o pavilhão do Brasil na Exposição Universal de Sevilha (1991), Lina inicia o projeto com o elenco das comidas que seriam servidas aos visitantes – os sorvetes e sucos de frutas nativas brasileiras, a mandioca em suas infinitas possibilidades gastronômicas, e por aí afora. Muitos são seus estudos

---

60 Em 1927, Walter Gropius, diretor artístico da Bauhaus, projetou para o dramaturgo Erwin Piscator um edifício teatral que permitia uma série de mobilidades espaciais, um espaço flexível que poderia ser modificado de acordo com as necessidades e intenções de encenação de cada diretor, como arena, anfiteatro ou mesmo teatro clássico.

aquarelados e anotações de eventos e cardápios para as festas de inauguração de seus projetos, como na Casa do Benin e no Teatro Gregório de Mattos, na Bahia, ou no Centro de Convivência, em Cananeia. Os projetos propriamente ditos viriam em seguida, ou na medida em que as imagens fossem se afirmando, como os verdadeiros programas.

Em uma das inúmeras anotações de Lina com reflexões sobre os mais variados temas, é possível observar como ela entendia a arquitetura nessa perspectiva de programa/ projeto:

> Para um arquiteto, o mais importante não é construir bem, mas saber como vive a maioria do povo. O arquiteto é um mestre de vida, no sentido modesto de se apoderar de como cozinhar o feijão, como fazer o fogão, ser obrigado a ver como funciona a privada, como tomar banho. Ele tem o sonho poético, que é bonito, de uma arquitetura que dá um sentido de liberdade[61].

Mas o fato é que Lina estava "nadando contra a corrente" em seu tempo de atuação. Combateu fortemente o movimento pós-moderno[62] na arquitetura, acusando seus membros de irresponsáveis diante do "esforço enorme da humanidade em construir um mundo mais justo", livre, sem a exploração dos homens e sem fome. Em uma de suas anotações diz:

> A dureza, a não elasticidade do sistema ocidental é a causa da não aceitação das vicissitudes humanas. Vide o episódio do Post Modern na arquitetura. Philip Johnson acordou de repente, com setenta anos. Teve medo, o tempo passa – com setenta anos é preciso ser conservador, "rever" o passado[63].

Sua formação europeia no período entreguerras e a vivência dos tempos duros da Segunda Grande Guerra Mundial marcaram indelevelmente sua personalidade. Em uma entrevista ao cineasta Walter Lima Jr., para o documentário *Arquitetura: Transformação do espaço* (1982), Lina diz:

---

61 Anotações dispersas de Lina, Acervo Instituto Bardi, sem data.

62 Movimento de contraponto à arquitetura moderna que vigorou entre o fim dos anos 1960 e a década de 1990.

63 Anotações dispersas de Lina, Acervo Instituto Bardi, sem data.

Uma nova arquitetura deveria ser ligada ao problema do homem criador dos seus próprios espaços; uma arquitetura de conteúdos puros, conteúdos que criassem as próprias formas. Uma arquitetura na qual os homens livres criassem os próprios espaços. Esse tipo de arquitetura requer uma humildade absoluta da figura do arquiteto, uma omissão do arquiteto como criador de formas de vida, como artista, e a criação de um arquiteto novo, um homem novo ligado a problemas técnicos, a problemas sociais, a problemas políticos, que abandone completamente a enorme herança mesmo do movimento moderno, que acarreta umas amarras enormes, que são as amarras que produzem a atual crise da arquitetura ocidental. Eu digo ocidental porque o Brasil está tomando parte de uma crise geral da arquitetura que não é somente brasileira, que é uma crise de formalismo, de pequenos problemas, de involuções individuais que nada têm a ver com os problemas do homem atual.

Essa consciência, por outro lado, é que lhe fazia "livre de amarras", como costumava dizer. Não devia seguir moda, modelos, estilos, nem "procurar a beleza, somente a poesia". Ao projetar, procurava mergulhar fundo na realidade do projeto, na geografia física e humana do lugar, tirar daí todas as soluções, ir ao encontro dos anseios, desvendar o programa não evidente, não óbvio. Assim se livrava das amarras. Seu compromisso arquitetônico sempre foi pautado pelas demandas humanas, as explícitas e as não explícitas.

Isso diz muito do sucesso de Lina nos dias atuais. Depois de assistirmos à decadência de projetos mirabolantes da "arquitetura show" que dominou a cena nas últimas décadas, vemos movimentos de arquitetos e promotores da arquitetura se voltarem àquele fundamento base – o da criação do abrigo humano, seja ele casa ou cidade. Isso está cada vez mais claro nas bienais, nominações e premiações de arquitetos, projetos e ações. Os últimos prêmios Pritzker[64] exemplificam esse movimento.

Em tempos duros, como o que estamos vivendo, as vísceras da sociedade – em nível planetário – se expõem, as mazelas estão por toda

---

64 Considerado um dos maiores prêmios internacionais de arquitetura, é concedido anualmente para homenagear um ou mais arquitetos vivos, que tenham produzido contribuições consistentes e significativas para a humanidade por meio da arquitetura.

parte, a concentração de riqueza nas mãos de poucos é um escárnio. A solidariedade tem que gritar mais alto.

Precisamos de arquitetura e arquitetos que, como Lina, se coloquem a serviço do bem-estar geral, da construção de cidades que não segreguem, que promovam a tolerância entre os diferentes, enfim, que dignifiquem e abriguem a todos indiscriminadamente, em uma atitude não só estética, mas, sobretudo, política. É utopia? Sonho? Sim, a boa arquitetura sempre foi feita de sonhos. Depois de trinta anos, essa continua sendo a atualidade de Lina.

Rio
revisited
2024

VAMOS AO NACIONAL! Repetiu Lina inúmeras vezes em tom de comemoração. Ela havia sido convidada pela unidade do Sesc Nacional, sediada no Rio de Janeiro, para fazer uma apresentação sobre o projeto do Sesc Fábrica da Pompeia, inaugurado um ano antes (1982), mas que já fazia um enorme sucesso "nacional". É bom dizer que, naquela época, era bastante incomum Lina receber convites para palestras, debates ou seminários.

"Vamos ao Nacional! Mas vamos no carro do Marcelo (um Monza), que é melhor para viajar". Lina tinha uma Rural Willys velha, amarela e branca.

A viagem foi o reencontro de Lina com o Rio de Janeiro. A mesma cidade que, em 1946, vislumbrou do navio e ficou fixada na memória como sua primeira visão do Brasil. Esse Rio revisitado (quão diferente de São Paulo) representou simbolicamente um reencontro com o país, do qual se afastara havia alguns anos devido ao golpe militar de 1964.

Pelas anotações da viagem em sua agenda é possível ver e sentir o entusiasmo de Lina com o que se passou conosco durante os poucos dias em que estivemos no Rio de Janeiro, onde curtimos a cidade e seus espaços de vida urbana, as ruas, os restaurantes e bares.

Vale a pena transcrever fielmente os registros de Lina para se aproximar um pouco mais de seu modo de pensar. Os "muxarabis de memória" na sua agenda portam também conceitos, ideias e posições sobre o País e outros temas.

26 de abril de 1984

Viagem ao Rio de carro, com Marcelo e André, para o Sesc Nacional. Tudo diferente de S. Paulo: a mesma simplicidade da Sudene 1962; a de C. F.

São Paulo é "concorrente" do "Federal" – Metrópole Nacional (vide as universidades: Federais em todos os estados do Brasil, menos em São Paulo).

Solução: Principado de Mônaco (para S. Paulo)?!!!

27 de abril de 1984

Encontro na Voluntários da Pátria – Modéstia, simplicidade (Brasil 1947). Pequena em confrontação com a Paulista.

Auditório interessado e ansioso (lembrar 1963).

Sucesso!

Chuva Eu, Marcelo e André correndo de carro no centro do Rio. Sambódromo belíssimo, perfeito.

Bares nas esquinas. Rio guarda sua identidade.

Jantares em lugares indicados por Marcelo. Como os de 1946, na rua da Alfândega e da Carioca.

Foi bom. Na volta visitamos Penedo (Finlândia; saunas), encontramos conservas, doces, biscoitos.

Depois parada no "Nazista" Till, no pé de Itatiaia.

Krüger – purê de ervilhas.

Lembrança bonita de Leo, como meu *mentore* e iniciador à vida. Fiquei comovida. Encontrei uma flor de roseira selvagem, segurei no meu anel. Cheirava a rosas como a Tagliacozzo.

Espero que Marcelo e André tenham aproveitado o encontro "coletivo Sesc" "na língua" o presente histórico é importante para o presente das memórias contra o tempo.

Por meio dessas pequeníssimas notas passeamos por vários lugares da história recente do Brasil e da Itália. Visitamos espaços urbanos, lugares de convívio, percebemos aromas, sabores, tudo dito carinhosamente, com postura política e poética.

A observação final de Lina, "o presente das memórias contra o tempo", é como se, a partir da memória, fosse possível – uma vez a memória construída, seja falada ou escrita –, e é!, como se fosse possível anular o tempo cronológico, que rege certa ordem da vida, principalmente no Ocidente, para alcançar, em um outro patamar, o tempo presente, carregado de história e rico em fatos e relatos, tudo vivo e agora. Memória é como continuidade histórica.

Mais uma vez, ela nos chama a atenção para um outro modo de ver e viver o tempo.

Vamos a Lina!

26/4/'84 (Com Marcelo e André

(de carro)

Viajem ao Rio: para o
~~Forum~~ SESC Nacional –

Tudo diferente): a mesma (de S. Paulo)
simplicidade da Subeene
1962; à de C.F. –

São Paulo é ~~⊗~~ "Concorrente
do "Federal" – Metrópole
Nacional (Vide as Univers-
dades: Federais em todos os Estados do
Brasil, menos em São Paulo) –
E Solução: Principado de
Mónaco (para S. Paulo) –
?!!!

_____
                dia 27
Encontro na Voluntários
da Pátria – Modéstia ,
Simplicidade – (Brasil

1947). (Pequena) em confrontação
(com a "Paulista") –

dia 27 auditório interessado
e ansioso – (lembrar 1963)
Sucesso!

(Chuva) Eu Marcelo e André
correndo de carro no
centro do Rio = Sambodrou
bellissimo, perfeito –
Bares nas esquinas, Rio
guarda sua identidade –
juntares em lugares indica
dos por Marcelo. Como os
de 1946 na rua da Alfandegas
e da Carioca –
Foi bom. Na volta, visitamos
Parentos (Finlandia; saunas)

encontramos conservas
doces, biscoitos.
Depois parada no "Hopist"
(Till) - no pé de Hartazor.
Krüger - purê de ervilhas.
Lembrança bonita de
Leo ~~xxxxx~~, como meu
mentore e iniciador
à Viola. Fiquei comovido.
Encontrei uma flor de
roseira selvagem, ~~s~~ guarei
no meu anel. Cheirava à Rosas
como a Tagliacozzo.
Espero que Marcelo e
André tenham aproveitado
o encontro "Coletivo SESC"
"nas línguas" O
Presente Histórico ← é
importante para o [Presente]
das Memórias contra o tempo.

Entrevista
inédita de
Lina Bo Bardi
por Fábio Altman

A restauração do Centro Histórico d 1
e Salvador faz parte de qualquer antol
ogia das promessas e projetos que acab
am ficando apenas no papel. Quase tão
antigo quanto o Pelourinho é o sonho d 5
e restaurá-lo. Desde o início do ano,
contudo, andaimes, operários e o ar em
poeirado inconfundível das obras pipoc
am em cantos diferentes do centro anti
go da capital da Bahia - numa demonstra 10
ção de que se aparecer o dificílimo di
nheiro, a recuperação total pode
se tornar uma realidade. Nestas obras,
entre as quais se destacam o projeto p
iloto de três casas na Ladeirada Miser 15
icórdia, o Quarteirão da Barroquinha e
a Casa do Benin - com inauguração conf
irmada para o próximo dia 6 de maio -
desponta a assinatura da arquiteta ita
liana, naturalizada brasileira, Lina Bo 20
o Bardi. "Fiz um desenho das ruínas de
Pelourinho e comecei a chorar", diz Li
na. "Salvador foi vítima de um terremo
to voluntário, e isso é terrível". Aos
73 anos de idade, Lina Bo Bardi já hav 25
ia trabalhado na Bahia na década de 60
, ao lado de nomes como o cineasta Gla

uber Rocha, na recuperação do Solar do Unhão e na montagem do Museu de Arte M oderna, que funcionava no saguão do Te atro Castro Alves. Com o golpe militar de 64, Lina foi obrigada a deixar Salv ador. "Quando vi um canhão com a boca voltada para o museu, fui embora", diz ela.

Formada em arquitetura, em 1942, p ela Universidade de Roma, na Itália, L ina Bardi é autora do projeto do Museu de Arte de São Paulo (MASP) - dirigido há 4 décadas por seu marido, Pietro Ma ria Bardi - e do SESC-Pompéia, também em São Paulo, um dos melhores exemplos de sua arquitetura inventiva, que priv ilegia a convivência entre os homens. Polêmica, Lina Bardi não poupa crítica s a quem discorda de seu trabalho. "Di zem que sou populista, que sou uma fig ura difícil, mas basta ver minha arqui tetura para descobrir que não sou nada disso", afirma. Lina Bo Bardi recebeu VEJA, em sua bela casa no bairro do Mo rumbi, em São Paulo (tombada pelo patr imônio histórico), para falar da resta uração do Centro Histórico de Salvador

, da convivência entre o antigo e o no 55

vo e sobretudo da arquitetura — sempre cret.

com seu português mesclado com palavra

s em italiano e outros idiomas.

VEJA — O que levou a senhora a se inte
ressar pela restauração do Centro Hist
órico de Salvador?

LINA — Porque ali há um componente ess
encial, que move toda sua recuperação:
a vida humana. As casas, embora degrad
adas, são habitadas pela alma popular.
O Pelourinho e toda a região central a
ntiga de Salvador não são tão importan
tes como Ouro Preto, em termos de arqu
itetura. Em meio a algumas coisas sign
ificativas do século XVIII, sobretudo
igrejas, há construções do início do s
éculo IX sem importância alguma. O apa
ixonante, ali, é a população, a gente
que inventou a cidade. Isso historicam
ente é tão importante como as obras pr
imas da arquitetura.

VEJA – E no que difere uma restauração nestas condições, com vida humana presente, das restaurações mais tradicionais?

LINA – Em geral, a restauração tradicional é feita sem contato com os homens. É uma restauração só de fachada. Na Liguria, na Itália, por exemplo, restauraram tudo muito bem, com casas muito bem construídas – mas expulsaram a população da região, que vivia ali há séculos. Aí veio o pessoal de Milão, de Torino, de Gênova, de Roma–e a Ligúria acabou. O segredo da restauração, em Salvador, é fazer com que as 13 000 pessoas que vivem no Centro Histórico continuem a morar lá. Se isso não for respeitado, largo tudo, vou-me embora.

VEJA – Mas como manter aquela populaçã
o que vive quase em condições sub-huma
nas no local?

LINA – O importante é que nas casas re
stauradas haja espaço para o pequeno c
omércio, para atividades que deêm empr
ego e lazer àquelas pessoas. Já estamo
s fazendo um levantamento do tipo de p
opulação da região para coordenar a re
cuperação. O ideal é que um número mín
imo de pessoas seja obrigada a abandon
ar o Centro Histórico. Não quero que e
le se transforme numa coisa parecida c
om as ruínas de Roma.

VEJA – Como assim?

—4.

LINA – As ruínas de Roma são meros so uvenirs de viagem. Belas para serem vi stas mas sem vida. Aquilo é o vento qu e passa. São pedaços de história sem v ida humana. A restauração efetuada nas ruínas de Roma antiga foi uma verdadei ra porcaria. Houve um tempo, no século XVIII, que o pedaço da Roma antiga era habitada. Entre as ruínas, em meio às colunas, nasciam homens. Era uma coisa deslumbrante. Com a ascensão do fascis mo, demoliram toda a vida que ali late java. Hoje, Roma antiga é uma coisa tr iste. Um mero cenário, uma história se m homens, perdida no tempo.

VEJA – Tecnicamente, como está sendo feita a restauração do Centro Histórico de Salvador?

LINA – Estamos usando a técnica da ~~argamassa-armada~~, ou "ferro-cimento", desenvolvida no Brasil pelo arquiteto João Filgueiras Lima, responsável pela Fábrica de Equipamentos Comunitários de Salvador. Com a argamassa-armada é possível compor pré-moldados de apenas 2 ou 3 centimetros de espessura, a um preço ~~três vezes~~ menor do que se utilizássem ~~os o~~ concreto armado, ~~por exemplo~~. Estes pré-moldados irão permear as construções, o interior das casas.

VEJA – Haverá então um choque entre a aparência antiga destas construções e essa restauração com uma tecnologia de vanguarda?

LINA – Não exatamente. A maioria das casas no Centro Histórico têm apenas fachadas –são esqueletos. Onde não há nada, apenas o vazio, vamos montar estruturas com a técnica *de ferro cimento* ~~da argamassa armada~~. Isso não significa, porém, que não respeitaremos as linhas tradicionais e originais da arquitetura. Não. Se é possível ~~xxxxxxxx~~ recuperar uma fachada, não há motivos para deixar de fazê-lo. Será uma recuperação rigorosa, conforme as normas tradicionais documentadas. Mas onde a destruição é total, porque deixar de fazer uma obra rigorosamente nova? Quando a cidade de Salvador foi erguida, utilizou-se a forma mais moderna que a Europa conhecia em termos de arquitetura. Porque não fazer isso agora também?

VEJA - A senhora poderia dar um exempl
o concreto deste tipo de restauração?

LINA - A Casa do Benin, por exemplo, q
ue será inaugurada em maio, tinha só p
aredes. Era preciso escorá-las, sob o
risco de cairem na cabeça das pessoas.
Porque não fazer este escoramento com
a técnica moderna da argamassa-armada?
Se uma casa antiga não tem banheiro, p
orque à época que foi construída não s
e fazia necessário, é incoerente deixa
r como está. A arquitetura restaurador
a precisa acompanhar os passos do home
m e suas necessidades. As pessoas que c
riticam o nosso trabalho não sabem o q
ue é o moderno.

VEJA – E o que é o moderno?

LINA – Trata-se de um conceito discutí
vel, mas as pessoas precisam ter em me
nte que é impossível interromper um pr
ocesso técnico-científico que está dan
do resultados enormes e que é bom para
a vida dos homens. Negar isso e voltar
à natura , ao pastoral, é um erro grav
e, é ridículo. Além do mais, a natura
não pode ser apenas plantas e animais.
Ela compreende, necessariamente, a tec
nologia. É preciso levar em consideraç
ão um processo histórico, mas é vital
também que se acompanhe o desenvolvime
nto da sociedade. Este é o real sentid
o do moderno: ter a consciência crític
a do mundo hoje, do estar aqui, transf
ormando o universo.

VEJA – No Brasil, tem sido pacífica a convivência entre a arquitetura antiga e o desenvolvimento urbano das cidades?

LINA – Não, absolutamente. Aqui ninguém se preocupou com isso. Faltou um planejamento urbano nas cidades brasileiras, sobretudo nas grandes metrópoles. O bairro do Morumbi, em São Paulo, por exemplo, poderia ser hoje um belíssimo parque com casas maravilhosas. Mas decidiram erguer prédios, uns colados aos outros. Quando cheguei em São Paulo, no final da década de 40, havia reservas com animais, lagos. Isso morreu. No Brasil, destruíram com as coisas historicamente importantes. E isso é essencial para um país sem muita coisa cultural do passado.

VEJA – Já que a senhora fala de São Paulo, a Avenida Paulista pode ser tratada como uma amostra deste descaso?

LINA – Sim. Ali existiam casas fantásticas, jardins belíssimos. A construção daqueles arranha-céus acabou com um passado vigoroso. Era possível ter feito de São Paulo uma cidade moderna, sem estragar seu passado arquitetônico. Eu teria construído prédios modernos, fantásticos, ao redor de um núcleo central preservado. Além do mais, a arquitetura de São Paulo, como no resto do país, é deficiente, barata. São construções precárias, movidas por interesses comerciais e econômicos.

VEJA – Há algum lugar no mundo onde a convivência entre o antigo e o novo tenha sido bem resolvida?

LINA – Em Nova York. O Central Park é um parque fantástico, preservado, encravado no coração de Mannhattan. Os prédios gigantescos que o cercam formam uma composição ideal, sem ferir a beleza natural daquela área verde.

VEJA — A senhora gosta da arquitetura de Brasília?

LINA — Brasília é uma cidade bela. E não é apenas uma forma, um desenho realizado, bonitinho. É todo um conjunto que o Brasil precisava naquele período histórico — como ainda precisa hoje. Brasília provocou uma grande aglutinação política em torno do sentimento de nação. O mundo ficou boquiaberto, porque em três anos construíram uma capital, uma cidade. Em pouco tempo, as colunas da Alvorada se transformaram num marco da esperança do futuro do Brasil como nação independente no continente. A arquitetura de Brasília é uma coisa delicada.

VEJA - E o trabalho de Oscar Niemeyer propriamente dito?

LINA - Não se trata de gostar ou não. Simplesmente é preciso respeitar profundamente este grande arquiteto e sua importância histórica para o Brasil.

VEJA – O que a senhora acha deste movi
mento conhecido como "pós-moderno", qu
e têm decorado restaurantes, bares, lo
jas e até alguns edifícios?

LINA – É um grande equivoca, uma porca
ria. Não é arquitetura. É moda, é conf
usão. O pós-moderno na arquitetura, se
é que existe, não passa de uma manipul
ação consumística. Na cultura de massa
s, que de certo modo permeia o pós-mod
erno, há duas vertentes. Uma acredita
que Las Vegas é uma coisa maravilhosa,
um signo vibrante. Outra linha, elitis
ta, acha que acabou o grande movimento
moderno das últimas décadas e que é pr
eciso superá-lo. Ocorre que essa super
ação acaba sendo apenas uma volta ao p
assado. Superar com o passado é perigo
so. Essa moda de retorno aos anos 50,
por exemplo, não passa de um virar de
olhos para o que é antigo – sem a meno
r perspectiva histórica.

VEJA – Porque a senhora aceitou voltar a trabalhar em Salvador, depois de ter sido praticamente expulsa de lá, em 1964, com o golpe militar?

LINA – Quando fui convidada a trabalhar na restauração do Centro Histórico de Salvador, em 1986, não queria aceitar. *de forma agessiva* Havia encerrado meu trabalho na cidade, um trabalho importante nos anos 60, com a recuperação do Solar do Unhão, com o Mueseu de Arte Moderna. Mas percebi que minha participação poderia ser útil, ainda hoje. Fiz um desenho das ruínas do Pelourinho e comecei a chorar. Veio uma crise de choro, um desespero que nunca havia sentido em minha vida. Salvador foi vítima de um terremoto voluntário, e isso é terrível. Só uma catastrofe, uma tragédia momumental poderia fazer um estrago desse tamanho. Mas pode ter havido, também, uma omissão dos arquitetos baianos, que não denunciaram isso. Hoje eles estão com dor de cotovelo, porque eu e o João Filgueiras Lima estamos lá. Uma paulista e um carioca. Só que nem paulista sou.

nunca dis isto! é ridículo

onde quer que eu vá me chamam de estra
ngeira. O detalhe é que sou naturaliza
da brasileira desde 1952. Há, ainda, a
questão da especulação imobiliária. Um
a casa "velha", reformada, vale menos
do que um terreno vazio. Então, muitas
vezes optou-se por deixar uma construç
ão cair no chão. QUANDO NÃ, TACARAM

FOGO NAS CONSTRUÇÕES.   290

VEJA - Há, então, arquitetos desprepar ados?

LINA - Sem desmerecer grandes profissi onais que trabalham no Brasil, há. Dep ois que me formei, em 1942, na Univers idade de Roma, fui trabalhar em Milão com o grande arquiteto Giopontti, arte são, designer, poeta, tudo. Ele disse para mim: "Eu não vou pagar você, você é que tem que me pgar, porque é você q uem vai aprender". Existe muito estuda nte de arquitetura de 3º, 4º ano, que só quer saber quanto vai ganhar num es tágio. Depois se formam e nunca mais v ocê ouve falar neles. Abrem lanchonete s, dirigem taxis e só. Tudo porque não tiveram uma formação mínima necessária . É preciso empenho, muito empenho.

340

nunca disse ista e só a "falha de ensino no País"

VEJA — A Segunda Guerra Mundial, que f _também numa espécie de terremoto voluntário_ ez muita coisa cair no chão, foi impor tante para sua formação pessoal e prof issional?

LINA — Claro que sim. Em tempo de guer ra, um ano corresponde a 50 e o julgam ento dos homens é o julgamento dos pós teros. Pude fazer uma carreira tão ful gurante na Europa porque tinha a guerr a. Entre bombas e metralhadoras, perceb i o que era realmente necessário fazer . O importante era sobreviver, de ~~pref~~ ~~erência~~ incólume, mas como? Senti que o único caminho era o da objetividade e da racionalidade — que norteiam meu trabalho até hoje. Um caminho terrive lmente difícil quando a maioria das pe ssoas opta pelo desencanto literário e nostálgico. Sentia que o mundo podia s er salvo e que esta era a única tarefa digna de ser vivida e o ponto de parti da para poder sobreviver. Entrei na Re sistência, no Partido Comunista clande stino. Em 1945, a guerra acaba. Tínham os tudo nas mãos, como o Brasil pré-64

338

Mas a "guerra maravilhosa" havia termi
nado e velhos fantasmas retomavam o po
der. Aí o Pietro Maria foi convidado p
or Assis Chateaubriand para dirigir um
museu de arte em São Paulo. Chegamos a
o Brasil em 46 reencontrando as espera
nças das noites de guerra.

345

VEJA - Enfim, a arquitetura pode ajuda
r o homem a viver melhor?

LINA - Esta é uma de suas funções mais
dignas. A arquitetura verdadeira é um
processo total, que cuida dos relacion
amentos econômicos, políticos e sociai
s do ser humano. É claro que a beleza,
a forma bela, consola o homem. A poesia
propiciada pela forma é vital. Mas só
isso, sem o sentido social da arquitet
ura, se perde. A arquitetura é o espel
ho da personalidade de quem a escolhe
e a habita ou de quem a projeta.

VEJA — A senhora poderia explicar melh or isso?

LINA — Quando você entra pela primeira vez na casa de alguém, você logo perce be a qual categoria ela pertence, inde pendente de ser rico ou pobre. Uma sim ples cadeira pode ser o retrato de uma personalidade. E isso demonstra que o homem é peça fundamental, o objetivo f inal, da arquitetura.

EJA - A senhora teria um exemplo dess

integração arquitetura-personalidade

INA - Sim. Em 1952, Pietro organizou

ma exposição com obras do artista plá

tico anericano Saul Steinberg. Uma da

únicas pessoas, no Brasil, que possu

a trabalhos de Steinberg era o editor

icter Civita, um homem muito intelige

te -e que me ajudou muito quando cheg

ei ao Brasil, depois da guerra. Ocorr

que nem eu nem o Pietro tínhamos o e

dereço exato do Civita. Disse ao Piet

o que não haveria problema algum. "Va

os pegar o carro, que eu reconheço a

asa dele apenas pela aparência da arq

itetura, da decoração da fachada". D

o e feito. Paramos diante de uma casa

e estilo colonial com uma revoada de

issaros de cerâmica encravada no muro

abanando asas e tudo. Não tive dúvid

nenhuma de que aquele tipo de decora

o era típica do gosto do Civita que

conhecera. Poderia ter me equivocad

é verdade, mas reconheci sua casa p

a arquitetura.

"Era
um
rabisco
e pulsava"
por Fábio Altman

EM 1988, eu trabalhava como editor da revista *Veja*, em São Paulo, depois de uma temporada de dois anos como correspondente da publicação em Salvador, na Bahia. Desde a adolescência era amigo de Flávio Carvalho Ferraz, hoje renomado psicanalista, irmão mais novo de Marcelo Carvalho Ferraz, arquiteto que trabalhava com Lina Bo Bardi. Um dia – quando falávamos do Brasil que ensaiava sair da ditadura militar, quando sonhávamos com democracia e dignidade, no tempo da juventude e ingenuidade –, nos veio, ao Flávio e a mim, a ideia de levar Lina para as Páginas Amarelas da *Veja*, a mais respeitada e influente seção de entrevistas da imprensa brasileira.

Por meio do Marcelo, Lina soube do meu interesse. Ela relutou – e talvez fizesse bem em evitar os jornalistas, recolhida que estava em seu trabalho e seu mundo. Mas acabou por me receber, depois de muita insistência. Um único pedido me foi feito, e concordei – eu deveria lhe mostrar o resultado final da entrevista, antes de publicar a conversa. Não é uma postura padrão, mas também não é proibida. Certa vez, recebi de um dos mais competentes jornalistas da *Veja*, que naquela época dirigia a publicação, um conselho: "Não há problema algum em submeter uma entrevista ao entrevistado, desde que ele não se ponha a alterar tudo. Para um professor, um cientista, em nome da precisão de informações, seria até uma obrigação. Mas, claro, não faz sentido dividir as dúvidas com um sujeito acusado de corrupção e desmandos". Portanto, o caminho estava trilhado, Lina leria a entrevista antes.

Ela me recebeu numa tarde ensolarada, já não lembro se era verão ou inverno, outono ou primavera, em sua bela Casa de Vidro no bairro do Morumbi. Eu levava uma pilha de receios, algum medo, a timidez de enfrentar uma pensadora, uma profissional que desenhara parte da história de São Paulo e do Brasil. Na época, eu tinha 25 anos, ela, 73. Separei um bloquinho de anotações, uma caneta, liguei o gravador, apertei o *play* e o *rec*. E lá ficamos cerca de duas horas – entre sorrisos, sim, muita ironia e respostas inteligentes para perguntas banais. Foi bonito, e lembro até hoje.

Dias depois, conforme combinado, entreguei ao Marcelo as folhas batidas à máquina – vivíamos em tempo pré-histórico, ainda não havia computador. Passada uma semana, ele me ligou, um tantinho preocupado. Lina tinha se incomodado porque, no texto de introdução, eu a chamara de "arquiteta", e o correto seria "arquiteto". Parecia pouca coisa, mero detalhe, mas foi o suficiente para puxar o fio de irritação dela, e quando Lina se irritava, era melhor sair de cena. Ela perdera a confiança. Era preciso alterar aquela palavra e alguma coisa ou outra a mais. Nunca soube exatamente o quê, a conversa desandou, apesar dos movimentos diplomáticos de Marcelo. Eu mesmo temi pela publicação e, finalmente, desisti. Nunca cheguei a revelar a meus editores na *Veja* que havia tentado uma entrevista com Lina Bo Bardi.

Marcelo, zeloso, guardou a papelada. Trinta anos depois, me enviou o material para que eu pudesse relembrar o diálogo. O tempo fez bem. Tudo o que Lina disse tem a força, ainda agora, das novidades, das reflexões que poucos têm coragem de fazer. Mais interessante ainda são as anotações que ela esboçou ao longo das páginas datilografadas, negando ter dito o que disse, mas que fora gravado.

Não achei as fitas, mas posso garantir que nada inventei. Acho graça, e vejo nesse jogo, com a letra rápida e veloz do "arquiteto" – Lina, eu aprenderia, viu? –, a beleza de uma mulher que não via o mundo em uma camada única, que ia e voltava no ritmo da história, fazia das palavras tijolos de civilização, e tinha total consciência de que as ideias precisam estar no lugar certo, na hora certa.

A entrevista nunca foi impressa. Ressurge aqui, pela primeira vez, inédita. Merecia ser lida – ficou consistente, me orgulho. A conversa adquiriu maior densidade, saiu da planície e, ouso dizer, ficou emocionante, sobretudo pelas garras e garranchos de Lina nas laterais, revelados pelos fac-símiles. É como a frase de Carlos Drummond de Andrade a respeito do projeto-manifesto de Lucio Costa, de 1957, para o que seria Brasília: "Era um rabisco e pulsava". Obrigado, Lina.

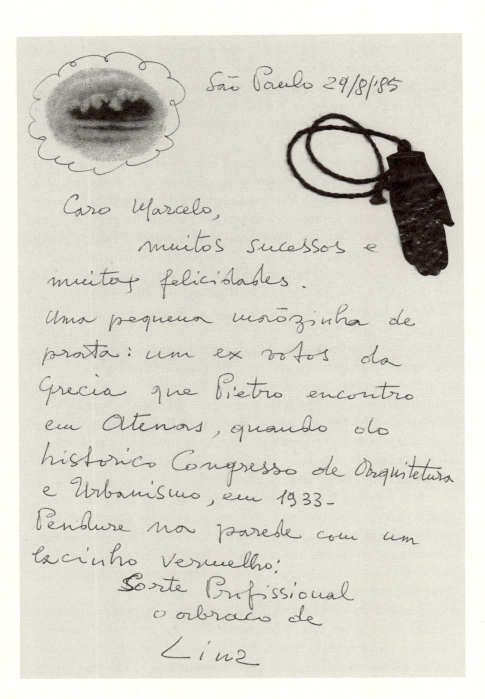

Bilhete e presente de aniversário
de Lina para Marcelo, 1985.

De conversa em conversa

entrevista com
Marcelo Ferraz,
por Marta Bogéa
e Augusto Massi

Essa conversa é fruto de três encontros. Os dois primeiros, conduzidos por Marta Bogéa, ocorreram em 9 e 18 de abril de 2024. O terceiro, em 30 de julho, contou com a participação de Augusto Massi.

Marta: Podemos começar pelo texto que abre o livro, "Minha experiência com Lina Bo Bardi", escrito em 1992?

Marcelo: Foi a primeira vez que me pediram um artigo. Quando escrevi, no final de 1991, Lina ainda estava viva. Ele foi publicado em fevereiro de 1992, numa edição especial da revista *AU* dedicada a ela, um mês antes de sua morte, em 20 de março. Deram o espaço de uma página, com letrinha pequena, porque eu não era alguém reconhecido para escrever um artigo para uma revista de arquitetura. Escrevi, mostrei para a Lina e não me lembro de nenhuma correção dela. A provocação tinha partido do Flávio Império. Em 1978, ele era o meu orientador no Trabalho Final de Graduação (TFG). Eu queria fazer uma pesquisa sobre um tema relacionado à Lapa. Ele sempre cutucava: "Deixa esse tema! Faça algo como 'Minha experiência com Lina Bo Bardi'". Eu respondia: "Você é louco" [risos]. "Estou trabalhando com ela faz apenas um ano, como é que eu posso escrever sobre 'minha experiência'?" Ele insistia: "Você vai ver, é mais importante". Quer dizer, ele sabia o lugar em que eu estava e qual era a importância da Lina. Eu não sabia. É diferente quando você está dentro do projeto, do trabalho, imerso no ambiente, nas amizades e tudo mais.

Marta: Um ano após a morte de Lina, você organizou *Lina Bo Bardi* (1993), o "Livrão", como vocês costumam chamá-lo. Foi o primeiro livro a reunir a obra de Lina e a se debruçar sobre ela. Isso acabou sendo fundamental, porque até então Lina não era objeto de estudo, não era um assunto.

Marcelo: Exatamente. Vale lembrar que, diante de um espírito coletivo de divulgar o trabalho da Lina, no ano seguinte foi lançado *Tempos de grossura: O design no impasse* (1994), organizado por Marcelo Suzuki e publicado pelo Instituto Bardi. Esse livro foi preparado pela própria Lina, em 1980, e contou com a ajuda da Isa Grinspum Ferraz, que na época era responsável pela organização dos seus arquivos. Isa colaborou também no "Livrão".

Marta: Essa é uma questão importante. Os dois livros – acompanhados por um filme e uma exposição – realizaram o primeiro balanço da produção dela. A partir desse trabalho de sistematização, a contribuição de Lina se tornou incontornável.

Marcelo: A gente sabia que precisava fazer um livro. Dizíamos: "Lina, você tem que fazer um livro sobre sua obra". Éramos insistentes: "Vamos conseguir recursos para publicar um livro". Ela topou e, depois, recuou. Já tínhamos um editor, tudo encaminhado... Aí, ela falou: "Não, não vamos fazer livro nenhum. Livro sobre a minha obra, que coisa mais cabotina... não faz sentido. E a minha obra mais importante é a que estou fazendo agora. O livro vai ficar incompleto? Quando eu morrer vocês fazem, vocês, pósteros". Quando ela morreu, a gente fez o livro, o filme e a exposição. Quase como um compromisso. Fizemos naquele embalo entre estar próximo e ir se distanciando. Talvez, por estarmos muito envolvidos, dentro do assunto, a coisa toda adquiriu uma visada panorâmica, um desejo de apresentar Lina para o mundo. Não havia o chamado "texto crítico", o que motivou certas críticas depreciativas em alguns jornais e revistas. Mas é claro que a própria seleção, o recorte, as escolhas da edição que fizemos já revelam uma perspectiva crítica. A edição não é neutra. Assim como a arquitetura não é neutra.

Marta: Quando e onde foi realizada a exposição?

Marcelo: A exposição, o lançamento do livro e a estreia do filme ocorreram no Masp, tudo no mesmo dia, em agosto de 1993. O documentário, que até hoje desperta muito interesse, foi realizado pelo Aurélio Michiles e pela Isa Grinspum Ferraz. A partir daí, pintou o interesse de levar para outros países. O primeiro foi Portugal, com a ajuda do embaixador José Aparecido de Oliveira. Depois, foi sendo criado um leque de contatos em embaixadas e amigos, ora com dinheiro, ora sem verba nenhuma. Levamos para Barcelona, com a ajuda de Josep Maria Botey, que era amigo, deu um jeito. De lá, seguiu para a Itália, e aí começou um tour que durou nove anos. Em Londres, quem arranjou tudo foi Elisabetta Andreoli; em Copenhague, Gustavo Ribeiro; em São Francisco, Sandra Vivanco. Tudo aconteceu na base da cooperação, um modo de fazer girar exposições que não se usa mais ou que já não é possível neste mundo de burocracia extrema. Imagine, nesse giro, levamos 330 desenhos originais de Lina!

Marta: Nessa época, Lina não era conhecida.

Marcelo: Não era nada conhecida. Foi um susto. E a ficha não caiu imediatamente, demorou anos... Convidamos o Renzo Piano para falar na abertura da exposição na Triennale de Milão, ele recusou. Hoje acho que não recusaria. Durante nove anos, a exposição percorreu 46 cidades mundo afora. O filme foi exibido em rede de televisão e em vários idiomas, e o livro foi editado em inglês, português e italiano. Foi a primeira tentativa de apresentar o trabalho de Lina para o mundo.

Marta: E por que publicar este novo livro agora?

Marcelo: De repente, quando se olha para trás, a gente percebe tantas coisas que foram se acumulando. Surgiu um sentimento urgente de balanço: "Poxa, tem coisa interessante aqui, não havia me dado conta de quantos artigos eu escrevi ao longo de trinta anos... E por que não

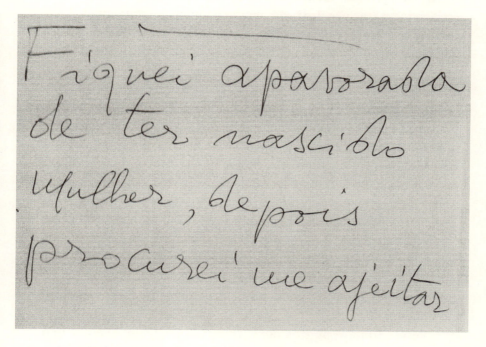

Anotação de Lina, sem data.

reunir tudo?". Hoje, ao reler o conjunto dos textos, pensei que poderia servir como discreto contraponto à imagem atual de uma Lina glamourizada e exageradamente comemorada. "Exagerado" no sentido de transbordar equívocos. Achei que poderia ser interessante mostrar minhas reflexões sobre como Lina atuou politicamente no mundo – no nosso caso, por meio da arquitetura.

Augusto: Mas a repercussão que Lina vem alcançando não está em sintonia com boa parte dos seus textos? Eles não lutavam por esse reconhecimento?

Marcelo: Sim [risos].

Augusto: A imagem da Lina estaria, sob seu ponto de vista, perdendo em radicalidade e potência crítica? É visível que ela está sendo alçada a um novo patamar. No Brasil, em 2021, foram publicadas duas biografias; nos Estados Unidos, Alemanha e Inglaterra, desde 2015, foi lançada uma série de livros coletivos. Isso sem mencionar inúmeras teses. Enfim, estudiosos das mais variadas correntes vêm trabalhando em torno da obra de Lina. Você poderia fazer um balanço rápido dessa produção crítica?

Marcelo: Não acompanho tão de perto, mas é claro que li com interesse vários desses livros, como o caso da pesquisa e biografia escrita pelo Francesco Perrotta-Bosch, do qual gosto muito. A exposição e o catálogo [que é um livro] apresentados na Fundação Juan March, em Madri, são maravilhosos. Em um dos meus artigos, "Vinte anos com Lina" [2012], falo também de uma ótima exposição, bem pequena, apresentada anos atrás no Architectural Association School of Architecture (AA), em Londres. Na medida do possível, procuro seguir as produções críticas em torno do trabalho da Lina. Minha contribuição, porém, passa pelo testemunho de alguém que trabalhou quinze anos com ela, sempre muito envolvido, a ponto de não ter nenhum distanciamento. Depois de sua morte, eu me tornei um batalhador, um militante pela preservação do trabalho da Lina.

Nesses trinta e poucos anos, sua obra finalmente vem sendo reconhecida como uma contribuição enorme para o modo de fazer

Flávio Império e Lina na escada do Masp, em São Paulo, 1976.

Visita ao Teatro Polytheama, em Jundiaí, SP, 1988.
Jorge da Cunha Lima (ao fundo, à esq.), Neide Benassi,
Maria Cristina de Andrade, Celso Furtado, Lina,
André Benassi (ao fundo), André Vainer, Marcelo,
Eduardo Pereira e Antonio Soukef.

arquitetura. Seu modo de fazer arquitetura – não pela forma, nem por escola –, é um modo de encontrar soluções para o mundo contemporâneo. No futuro também deverá ser assim. Talvez esses artigos, todo esse testemunho, ajudem em alguma coisa. O problema é que há também muito modismo e diluição.

Marta: Este livro vem em boa hora, num momento de grande exposição e atenção à produção de Lina, muitas vezes, com uma idealização excessiva sobre a arquiteta. É uma oportunidade de ler o relato de alguém que conviveu de fato com ela. Ler os seus textos, todos juntos, como agora nesta edição, permite flagrar uma espécie de deslocamento. Por exemplo, em "Dez anos sem Lina", em 2002, você estava melancólico...

Marcelo: É, no começo era quase bravata, né? [risos]

Marta: Dez anos depois, em 2012, você é capaz de dizer "Vinte anos com Lina", quer dizer, ela não está mais ausente. Eu gosto muito dessa mudança presente nos textos. Dois aspectos chamam a minha atenção: o primeiro, a oportunidade de acompanhar suas reflexões ao longo de tanto tempo, que foram ganhando outros tons; e, também, a perspectiva de ler esses textos perante o contexto de recepção da obra de Lina, pois o interesse pela obra dela hoje é outro.

Marcelo: A visão diluída, e até folclórica, que se tem hoje sobre Lina não corresponde, de modo algum, ao que ela era. Ela incomodava, não dava trégua nem para si própria. Carregava consigo o profundo questionamento da presença do ser humano no planeta: "Será que...?". Quando ela dizia que "é pelo pior que a história caminha", era quase que para buscar uma âncora, um ânimo, algo que justificasse projetar, ir adiante. Ela dizia essas coisas. Era uma pessoa que vivia esse incômodo no dia a dia. Era indignada com a injustiça tão absurda do mundo, com os tropeços que a gente vê o dia inteiro, para todos os lados. Tropeços humanos em todos os sentidos – na política, na miséria, na concentração de riqueza. Um mundo desconfortável. Lina vivia isso profundamente. Pensar em todos era a sua vida. E para ela o projeto, o que ela fazia, era o máximo que podia devolver para este mundo. No fundo, ela buscava criar condições melhores para a vida de todos. Lina não tinha filhos, mas todas as crianças eram seus filhos quando fazia um projeto. Ela incomodava demais a sociedade em geral, o ambiente dos arquitetos, os círculos universitários, o circuito das artes de São Paulo ou da própria política.

Às vezes, fazia provocações falando uma barbaridade qualquer, e as pessoas publicavam a barbaridade. A mais famosa e repetida: "Eu sou militarista, stalinista e antifeminista".

Isso chocava todo mundo. Eu sabia o que ela estava dizendo, o André Vainer e o Marcelo Suzuki também. "Militarista", porque tinha a ideia dos militares como os pioneiros da construção do país – o marechal Rondon, os tenentes que criaram o Brasil moderno, do tempo do Getúlio. Ela dizia que "a Revolução de 1930 foi a revolução que botou o Brasil na modernidade". Era refratária à Revolução Constitucionalista, de 1932, conservadora e voltada para o passado, ela odiava essa guerra paulista. "Stalinista", ela dizia em referência à batalha de Stalingrado, que libertou a Europa e o Ocidente do nazismo. Repetia sempre: "se não fosse Stalingrado, teríamos aqui hoje um *gauleiter*". E "antifeminista", porque não acreditava que a oposição entre gêneros fosse um bom caminho de luta. Mas, podemos dizer, com certeza, que a sua atuação durante toda a vida contribuiu enormemente para a luta atual das mulheres. Com isso, essa pessoa incomodava muito. Incomodava o ambiente dos arquitetos. Porque era estrangeira e, mesmo sendo naturalizada, dizia: "Eu quero ser brasileira". Quem se naturaliza é mais brasileiro do que quem nasceu aqui.

Marta: É verdade.

Marcelo: Durante os quinze anos em que trabalhei com ela não houve nenhuma aproximação da FAU, a Faculdade de Arquitetura e Urbanismo da Universidade de São Paulo. No final, com o Sesc Pompeia bombando, não dava mais para ignorar nem passar por cima. O Abrahão Sanovicz talvez tenha sido o primeiro a tentar levá-la de volta para a universidade. Ele convidou Lina para dar uma aula na pós-graduação da FAU, em homenagem a Vilanova Artigas, que havia falecido. Essa primeira aula foi no teatro do Sesc Pompeia. Mais adiante, ela fez a célebre palestra

na FAU, acompanhada de uma exposição que durou uma semana. A palestra bombou. Teve uma banda do Olodum tocando na abertura. Um estudante ficou furioso com isso, se levantou e a interpelou: "Que é que tem a ver essa banda? Por que a banda tocou o hino nacional antes?". Imagina: numa palestra de arquitetura... Isso fomos eu e o Suzuki que inventamos; levamos uma banda, influenciados pelo espírito de trabalho com Lina: "Vamos levar a banda, fazer uma surpresa para ela". Lina adorou. E aí o menino: "O que você quis dizer com a banda e o que tem de arquitetura nela?" Ela respondeu uma coisa incrível: "Eu quis trazer para São Paulo, que é pobre em iniciativas populares, uma coisa negra, brasileira. Eu vi na banda de Olodum uma grande floresta, um grande continente, vi a liberdade e tantas outras coisas maravilhosas". Quer dizer, ela estava adiantando temas que são da pauta atual, como encarar a questão da escravidão e a presença negra no Brasil. É impressionante a Lina ter dado essa resposta. Na época, pareceu não fazer sentido nenhum.

Marta: Hoje seria aplaudida de pé.

Marcelo: Na mesma palestra, Lina defendeu Oscar Niemeyer, que estava sendo criticado pelo projeto do Memorial da América Latina. Ela podia até não gostar, mas não se dava ao direito de criticar e contra-argumentava: "Vocês não sabem o que é ter uma entidade como Niemeyer, o quanto é importante para a construção do país". O ser político

Palestra na FAU–USP, São Paulo, 1989.
Abrahão Sanovicz, Marcelo e Lina.

Fernando José, prefeito de Salvador;
Lina; o compositor e então vereador
Gilberto Gil; Marcelo e Ualfrido Del Carlo,
diretor da FAU–USP.

Fernando José, Lina,
Marcelo e Ualfrido Del Carlo.

PÁG. 226–227
Palestra na FAU–USP, São Paulo, 1989.
Ualfrido Del Carlo, Marcelo, Lina,
Fernando José e Miguel Alves Pereira,
presidente do Instituto de Arquitetos
do Brasil (IAB).

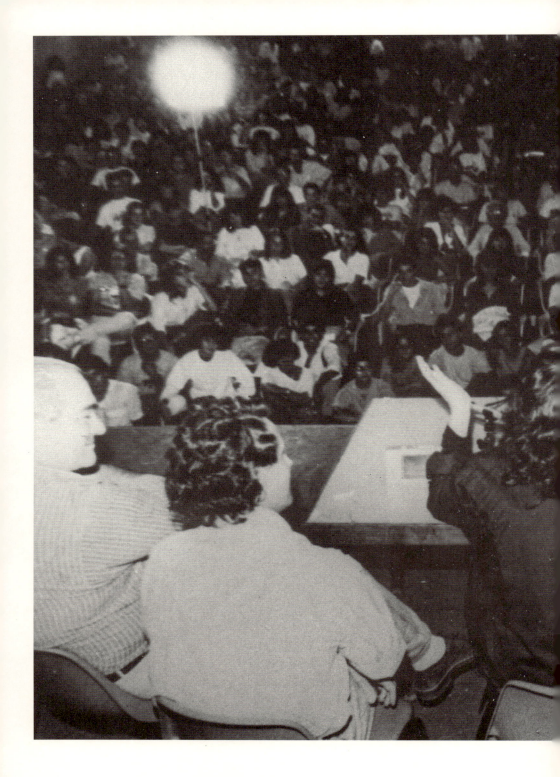

sempre falava mais alto. Quando era preciso, saía em defesa de Brasília, porque sabia como Brasília havia sido superimportante; com ela podíamos falar para o mundo: "Olha, construímos, talvez, a cidade mais importante da arquitetura moderna".

Desde o artigo "Bela criança", publicado na *Habitat*, em 1951, ela procurou chamar a atenção para a arquitetura moderna que estava nascendo aqui. Nele, discordava das críticas formuladas por amigos europeus, como Bruno Zevi e, posteriormente, Max Bill. Era essa a arquitetura que ela ajudava a construir quando partiu para Bahia. Arquitetura que praticou até o fim de sua vida.

Marta: Corajosa! Ao lado do seu extremo pessimismo, parecia ter um certo otimismo.

Exposição *Arquitetura e...* no Salão Caramelo da FAU-USP, São Paulo, 1989. Pedro e Aparecida Ferraz, pais de Marcelo, o próprio e Lina.

AO LADO Visão panorâmica da exposição *Arquitetura e...* no Salão Caramelo da FAU-USP, São Paulo, 1989. Logo à frente, Victor Nosek, Marcelo e Lina, seguidos por Violeta Arraes (braços cruzados) e, na sequência, Henri Gervaiseau, Carlos Ebert (ambos de óculos) e Adelaide Rodrigues (blusa branca, à direita).

Almoço na Casa de Vidro, em São Paulo, 1990. André Vainer, Oscar Niemeyer, Marcelo e Lina.

Graziella Bo Valentinetti, Oscar Niemeyer, Cecília Scharlach (ao fundo), Lina, Marcelo Suzuki (ao fundo), Marcelo Ferraz, André Vainer e Tales Castelo Branco.

Marcelo: Exatamente.

Marta: Era uma personalidade paradoxal.

Marcelo: "Não era nem ortodoxa, nem heterodoxa, ela era do paradoxo." Roubei essa frase do filósofo e poeta português Agostinho da Silva, para falar de Lina num dos artigos, "Minha experiência com Lina II", de 2017.

*

Marta: É bonito quando você relata em "Desenho, projeto, arquitetura", de 2017, que, mesmo diante da insistência de Lina para que você desenhasse uma mão, sua resposta foi simplesmente, "não sei fazer".

Marcelo: Foi na primeira semana de trabalho com ela. Estavam montando o escritório na obra do Sesc Pompeia. Foi em 29 de agosto de 1977, quando cheguei. Eu tinha um cabelo muito grande, e essa história do cabelo é importante contar, porque a Lina, depois, se referiu muitas vezes a isso. Foi sobre quando comecei a trabalhar, porque é por isso que ela gostou de mim naquele momento... Ela disse, anos depois: "Ele chegou com o cabelo desse tamanho, numa obra que tinha trezentos homens trabalhando, trezentos operários... Aí eu falei, que coragem, esse é corajoso!". Ela achou legal, gostava de dizer assim: "Somos barra-pesada".

Marta: Quem era esse ser estranho, esse "arquiteto", como ela se denominava, que há trinta anos nos deixou, que cumprimentava as pessoas com "Oi, bicho" e, segundo você nos conta, sem esconder a doçura, disparava: "Sou barra-pesada"?

Marcelo: Ela gostava que a gente fosse assim também. Quando encontrei aquela mulher vestida de preto, com o cabelão preto jogado de um lado, coordenando um monte de operários e mandando tirar o carpete do escritório que estava sendo montado para a gente: "Não preciso de *moquette*" (tapete em francês), "Não preciso de secretária" (estavam botando uma mesa de secretária), "Aqui a gente atende o telefone diretamente". Essa postura foi decisiva e marcante. Mas era só o começo. Olhou meus desenhos e falou: "Muito bom, muito bom", mas não estava dizendo que o desenho era muito bom, era um ok. E continuou nesse ritmo: "Então, vamos começar?". "Quando?", perguntei. E ela disse: "Pode começar agora?". E, meio que hesitando: "Tá bom, amanhã". No dia seguinte, chegando em nossa sala de desenho, Lina me deu a primeira tarefa. Era preciso sinalizar os banheiros de obra para os operários, e aí ela disse: "Vamos fazer uma mãozinha indicando o banheiro. Desenha uma mãozinha aí, que a gente recorta no compensado e põe nas portas". Fiquei paralisado.

Marta: Claro!

Marcelo: "Vou desenhar uma mão, não sei desenhar". Eu já tinha um complexo porque, comparando com meus colegas mais próximos, desenhava mal. A gente sempre tem na faculdade uns colegas que desenham muito bem. E na FAU, particularmente, havia um pouco essa ditadura do desenho. Nas aulas e falas de Flávio Motta, na revista *Desenho*, o desenho era tudo... Eu era um pouco inibido, desenhava com certa vergonha, considerava que meu desenho era próximo de um garrancho. Porém, eu gostava de projetar. Voltando à mãozinha, fiquei mal e demorei para fazer. Lina chegava ao lado da prancheta e perguntava: "Você não vai fazer? Sim ou não? Se não for desenhar, eu desenho, e olha que desenho muito bem". Veja só a provocação. Aí fiz o desenho da minha mão.

Marta: Esse assunto me interessa, porque nos desenhos dela há uma liberdade que, talvez, tenha relação com a aquarela. Ao mesmo tempo, está lá o detalhe técnico que nos permite enxergar melhor as forças em jogo. Ela usa cor, faz anotações, é um texto com pequenas legendas...

Marcelo: O desenho fala.

Marta: Você conhecia o desenho dela?

Marcelo: Não, não conhecia. Mas ela desenhava muito bem. Não é um modelo a seguir. É uma fala, uma escrita, um código para fazer com que o outro entenda o que se quer dizer.

Marta: O desenho não termina em si mesmo, essa é a diferença. Na arquitetura, a beleza do desenho não reside no fato de o desenho ser, em si, bonito, mas por ser esclarecedor daquilo que você está pensando.

Marcelo: É uma extensão da cabeça, via mão. Esses toques de Lina foram acontecendo de uma forma orgânica e natural. Mas isso só se descobre ao fazer uma reflexão ou escrever a respeito. É interessante. Tudo está de acordo com uma das coisas que ela repetia: "É preciso se libertar das amarras, é preciso ser livre diante do mundo, diante de tudo". A frase parece óbvia, mas sempre nos surpreende quando ressurge em cada gesto da Lina. Hoje, entendo o que estava por trás dessa provocação para que eu desenhasse, é possível ouvi-la falando: "Se liberte disso. Bota pra fora, deixe sair".

Marta: Como quem diz: ache o seu jeito de fazer.

Marcelo: Faça do seu jeito! Não tem que ser igual a ninguém. Esse é o verdadeiro educador. No sentido amplo da palavra. Quando nos chamava para reuniões na sua casa – outro gesto generoso da Lina –, separava algumas coisas para nos mostrar, revistas, livros... No início, no período do Sesc, era muito comum: "Vejam isso aqui".

Marta: Só revistas de arquitetura?

Marcelo: Não, podia ser de botânica. A Lina era muito chegada em botânica, conhecia várias plantas. Podia ser uma enciclopédia, por exemplo, a *Enciclopédia Treccani*. Ela nos mostrava,, mas logo tirava: "Não fiquem olhando muito, vão se impressionar". Veja que coisa! A gente reagia: "Pô, ela está escondendo o ouro". Na verdade, estava nos fazendo um bem danado e não sabíamos, porque não era para ficarmos impressionados com aquilo. Vou dar um exemplo concreto. Quando descobrimos e nos apaixonamos pelo arquiteto Carlo Scarpa – que ela conheceu pessoalmente –, ficamos fascinados com os requintes e detalhes. A Lina chegava e falava: "Não interessa nada. Arquiteto de cemitério, tudo *muito procurado*", termo esse que eu poderia traduzir em linguagem de arquitetos por "muita firula". Falava coisas assim só para nos provocar. No fundo, estava nos educando, evitando que entrássemos numa viagem de repetição. Ela também não nos dava um modelo. Costumava falar: "Faça uma coisa você".

Marta: Ela apoiava vocês em sua autonomia?

Marcelo: Quero contar uma história, pois essa foi a forma com que Lina me introduziu no mundo profissional. Considero um ato de generosidade – até de carinho –, mesmo parecendo ser rude. Antes, preciso dizer que ela passou por um período de ostracismo. Escreveu num bilhete: "Doze anos desde 1964, fui marginalizada profissionalmente." Depois do golpe, Lina não fez mais nenhum projeto de arquitetura. Trabalhou com teatro e cinema, mas não fez arquitetura. Só retornou com o Sesc Pompeia, que começou a fazer sucesso durante a própria obra. As pessoas ficavam curiosas: "O que está acontecendo lá? O que estão fazendo ali? A fábrica será recuperada?". Havia essa novidade da arqueologia industrial.

Depois de anos, em 1982, foi convidada para apresentar o trabalho que vinha realizando no Sesc Pompeia. O Instituto de Arquitetos do Brasil (IAB) a convidou várias vezes. Por ser discreta – quase não saía –, não costumava aceitar nada. Até o momento em que aceitou dar uma palestra no IAB para mostrar com muitas fotos o que estava sendo feito no Sesc. Como a sede do IAB, na rua Bento Freitas, era pequena para acolher todos os inscritos, providenciaram um espaço maior: Centro de Convenções Rebouças, na avenida Rebouças, que tinha um auditório para mais de quinhentas pessoas. No dia da palestra, assim que cheguei na casa dela, depois do almoço, ela já me avisou: "Não vou mais". Falei: "Como não vai mais?". "Não vou, porque estão cobrando ingresso das pessoas que pretendem assistir à palestra, inclusive dos estudantes. Eu não admito que cobrem dos estudantes para ouvir uma palestra minha. De jeito nenhum! Falo de graça para os estudantes". A tarde inteira foi essa luta. Enquanto eu preparava um

Anotação de Lina, sem data.

Bilhete de Lina para
Marcelo e André Vainer, 1985.

carrossel de 240 slides, ela nem sequer tinha se vestido. E a palestra estava marcada para as seis da tarde.

Liguei então para o Joaquim Guedes. Ele era amigo dela e estava agitando esse encontro no IAB. O Joaquim baixou na casa dela: "Como você não vai?!". Começaram a brigar. Ela era taxativa: "Não vou, não!". Ele insistia, não abria mão: "Mas você tem que ir. Assumiu um compromisso, o convite é do IAB, tanta gente te esperando...". No fim, ela me falou: "Você vai lá e mostra o nosso trabalho. Não estamos fazendo um trabalho bonito? Você vai!". Chegou uma hora que não tinha mais jeito. Meio resignados, vendo que não conseguiríamos tirá-la de casa, lá fomos, eu e o Joaquim Guedes. Quando chegamos, tudo lotado, a plateia cheia de estudantes.

Um detalhe curioso: quando estou saindo da casa dela, Lina bateu nas minhas costas e disse: "Vai fazer o Toscanini, vai fazer o Toscanini...". Na hora, não entendi o que ela queria dizer com aquela frase. Antes de iniciar a palestra, notei que alguns arquitetos importantes que estavam na plateia, assim que notaram a ausência da Lina, se levantaram e foram embora. Eu vi o Gasperini saindo, o Paulo Mendes da Rocha saindo... mas tentei fazer a minha parte – imagine, nem sei o que falei –, fiquei passando slides, dizendo o que era cada imagem... até que acabou. Só muito tempo depois, pude entender o significado da frase: "Vai fazer o Toscanini". No século XIX, uma companhia italiana se apresentou no Teatro Municipal do Rio de Janeiro. Diante de uma briga entre os músicos e o maestro, foi preciso encontrar um maestro brasileiro. Porém, os músicos recusaram a escolha do maestro brasileiro. No último momento, surgiu uma opção inesperada: "Toscanini vai reger nossa orquestra". Ele, que era o *spalla*, primeiro violino da orquestra, fez sua estreia como maestro. E, daí em diante, passou a atuar como maestro. Em outras palavras: sua carreira começou justamente com um empurrão desses. Lina conhecia muito bem essa história, eu é que só fui descobrir depois. De certa maneira, ela me deu um empurrão semelhante. Quase me matou do coração! Ela tinha sempre essa postura: "Nós não estamos fazendo um bom trabalho? Vamos mostrar!". Então, de certa maneira, isso foi um abre-alas.

Marta: Quanto tempo você já estava trabalhando com ela, quatro ou cinco anos? E numa experiência de engajamento total, segundo seu relato.

Marcelo: E com essa marcação ética, o que é interessante...

Marta: O trabalho é uma colaboração.

Marcelo: E, por isso, generoso. Tinha um aspecto de formação. Havia uma boa dose de dedicação, comigo, com o André, com o Suzuki... Ela tinha essa coisa forte de educação, de "pai".

Equipe de projeto para o concurso do Vale do Anhangabaú, 1981.
Ao fundo, Francisco Fanucci, André Vainer, Lina, Marcelo,
Paulo Ferracota, Guilherme Paoliello. À frente, Bel Paoliello,
Marcelo Suzuki e Ucho Carvalho.

Nada mais cômodo, no mundo, da ~~postura~~ postura idealista e metafísica que permite uma saída qualquer, que não toma conhecimente da realidade objetiva fugindo do seu controle. Observando uma coisa é preciso examinar sua essência, considerando sua exterioridade apenas uma porta que dá acesso ao conhecimento de sua realidade.

É o único método certo. O método da analise científica.

As causas externas operam através das internas. O ovo que recebe adequada quantidade de calor se transforma num pintinho, mas o calor não pode transformar em pintinho uma pedra.

Anotação de Lina para a lousa do escritório do Sesc Pompeia, sem data. Texto atribuído a Mao Tsé-tung.

Augusto: Há sempre uma ênfase em descrevê-la como uma presença forte, exigente. Mas essa história que você contou matiza o temperamento difícil e acaba por revelar uma preocupação ética com o processo de aprendizado. Quer dizer, o traço principal não é de uma pessoa centralizadora. Na condição de convidada, ela poderia cobrar um cachê e talvez até recebesse, mas a preocupação maior não era receber, era transmitir sua experiência aos estudantes, a quem estava começando. Por fim, acabou indicando como substituto alguém que estava trabalhando com ela e que julgava já ter capacidade para andar com as próprias pernas. Resumindo, ela enfatizou as duas pontas do processo: o espírito gregário e a autonomia.

Marcelo: É uma equipe.

Augusto: Sem se referir somente à esfera do trabalho, mas cultivando uma relação profunda com o processo de aprendizado.

Marcelo: É um ato generoso, um ato de encorajamento.

Augusto: Concordo que é generoso. E pode acentuar um lado das relações pessoais. Independentemente de você ser fiel à lição dela, ela também manifestou fidelidade a você. O que estou tentando enfatizar é que a ideia do aprendizado não precisa ser entendida só na chave da generosidade. Hoje, se você falar para alguém "Vai fazer o Toscanini", talvez a frase possa ser lida com uma pontinha de arrogância e, também, de ironia. Mas o que parece estar embutido nesse "vai", para além do senso agudo da oportunidade, é uma compreensão da autonomia: "Se você já conhece o ofício, é tempo de assumir, opinar, criar". A ideia do aprendizado converge com a de maestria. Lina não confere à experiência profissional os atributos tradicionais da idade. Desse ângulo, a visão dos arquitetos que abandonaram a palestra assim que viram um jovem arquiteto assumir o papel e o lugar dela é emblemática. O interesse exclusivo pela presença da Lina denuncia, paradoxalmente, um desinteresse total pelo trabalho da jovem equipe no Sesc Pompeia.

Marcelo: É.

Augusto: Um lastro de história perpassa os seus artigos e sustenta a própria concepção do livro: dez anos sem Lina, vinte anos com Lina, trinta anos ao lado de Lina. Os leitores têm acesso ao risco, ao canteiro de obras, às pessoas que entram e saem das páginas, das casas, dos museus, dos teatros. A relação com Lina passa por várias etapas. Primeiro: desenhar uma mão. Como se ela te dissesse literalmente: "Põe a mão na massa". Segundo: ao evocar o Toscanini, ela sugeriu: "Vai arquitetar". Se uma mão pode desenhar outra mão, duas mãos podem conduzir a batuta. O processo é bonito.

Marta: Você abriu seu escritório quase ao mesmo tempo em que iniciou o trabalho com Lina. Mas você escolheu parceiros que não tinham necessariamente a ver com ela, como Chico Fanucci, que vinha de outros diálogos, com Joaquim Guedes e Abrahão Sanovicz, por exemplo...

Marcelo: Exatamente. Comecei a trabalhar com ela em 1977, 1978, quando estava saindo da FAU. Nesse momento, a gente ganhou um concurso de arquitetura para fazer o Paço Municipal de Cambuí.

Marta: Quem eram?

Marcelo: Eu, Marcelo Suzuki, José Sales Costa Filho e Tâmara Roman, colegas da FAU. Quando a gente entrou nesse concurso, fui mostrar o projeto para a Lina. Ela olhou e disse apenas: "Muito bem, muito bom, muito bem". Não era de muitos elogios. Lembro do único comentário que ela fez: "Mas é caro, hein? É uma coisa cara". Quer dizer, naquele momento, talvez fosse quase ofensivo ela dizer aquilo. Eu não queria ouvir nenhuma crítica, como ninguém nunca quer. A gente conseguiu fazer, mas ela botou uma única observação: "É caro". Em outros momentos, eu dizia para ela: "Vou parar de trabalhar no meu escritório e vou ficar só aqui com você, trabalhando no Sesc, aqui já tem muito trabalho." Então ela dizia: "De jeito nenhum. Continue lá, mantenha sua quitanda. É importantíssimo que você continue com a sua quitanda. Sempre". Em certas épocas, a gente tinha de trabalhar o dia todo no Sesc. Não era meio período lá, meio período no meu escritório. Havia muito trabalho paralelo. É claro que o trabalho do Sesc eu levava para

Sesc Pompeia,
São Paulo, 1981.
André Vainer, Marcelo,
Lina e Francisco
Antonio Fagundes.

Luiz Otávio Carvalho,
André Vainer, Bola,
Lina e Marcelo.

Sesc Pompeia, 1984.
André Vainer, Lina
e Marcelo. Ao, fundo, à
direita, Antonio Soukef,
estagiário de Lina.

o escritório, todos os dias. Raramente eu mostrava uma ou outra coisa para ela do trabalho do escritório... Certa vez, quando a gente mostrou uma casa, ela escreveu um texto de apresentação para uma publicação na revista *AU*. O texto é muito bonito.

Marta: Que casa?

Marcelo: Na praia da Baleia, litoral de São Paulo. Nesse texto ela fez uma citação linda...

Augusto: É um texto chamado "Uma casa no litoral"?

Marcelo: É. A Lina citava o Leon Battista Alberti, que, em certa passagem, sugeria que "as casas dos pobres sejam similares às dos ricos". Ela argumentava que, no nosso caso, ocorria uma inversão: "que a casa dos ricos seja semelhante à dos pobres", o que era um elogio para nossa arquitetura.

Marta: Há um ensinamento claro sobre isso: "É preciso fazer tão caro?"

Marcelo: Exatamente.

Marta: Na realidade desse país?

Marcelo: Esse texto é bonito. Foi a primeira vez que ela, insistindo muito, fez um pequeno texto sobre essa casa no litoral. A sua crítica, ou essa tensão para andar num riscado; esse riscado, que é não perder a linha de questões éticas, de questões fundamentais sobre como deve ser a arquitetura. Isso a gente carrega até hoje, não há a menor dúvida.

Augusto: Vejo duas posturas diferentes e complementares. Uma coisa é insistir para que você mantenha o escritório, outra é ela escrever um texto a respeito de uma casa feita pelo escritório. Essa diferença é importante. A primeira se dá no âmbito de uma conversa particular. Agora, quando ela assina um texto, está assumindo uma posição crítica e pública. Nesta última, para além de uma orientação, Lina

"Le Fabbriche dei Poveri siano per la loro facültà a quelle dei Ricchi simili". Esta surprehendente afirmação do grande arquiteto da Renascença Italiana, Leon Battista Alberti, poderia ser, hoje, invertida: "as casas dos Ricos sejam, pela suas faculdades, às casas dos Pobres semelhantes" Bem, talvez ~~possa parecer~~ uma premissa importante demais para uma nota sobre uma pequena casa do Litoral de São Sebastião, mas a história é outra, é a história de alguns arquitetos que, no tempo dos carpetes e dos acabamentos "finos", estão procurando um caminho diferente, um sentido mais humano da arquitetura Assim eles descrevem os materiais e a casinha do Condomínio da Baleia; "

~~Texto da casinha.~~

Texto de apresentação de Lina para a publicação de uma casa da Brasil Arquitetura na revista *aU – Arquitetura e Urbanismo*, n. 32, 1990.

manifesta uma preocupação social, uma visão política da arquitetura, alinhada à esquerda. É curioso como, partindo da tradição – uma reflexão de Leon Battista Alberti –, ela potencializa e problematiza um debate contemporâneo em torno das classes sociais. Há uma força conceitual nessa inversão: "que a casa dos ricos seja semelhante à dos pobres". Retoma em outra chave aquela primeira crítica: "Mas é uma coisa cara".

Marcelo: [risos] Tem uma frase que estava escrita na lousa do nosso ateliê no Sesc Pompeia...

Marta: Que vimos numa fotografia?

Marcelo: Sim, vocês viram outro dia naquela fotografia... Eu li essa frase hoje. É superinteressante: "Arquitetura é a arte de organizar uma série de 'mestranças', e a poesia pode pular de Pope a Blake, mas as concepções de um arquiteto são atuadas por outras mãos e outras mentes que não as dele". É uma frase de Geoffrey Scott, publicada em *The Architecture of Humanism*, em 1914.

Augusto: Ela costumava escrever frases na lousa?

Marcelo: Sempre. Pedia para eu escrever a frase, ou o André Vainer. Uma vez, havia uma frase do Mao Tsé-tung assinada com o desenho de uma flor.

Augusto: E as frases mudavam?

Marcelo: Mudavam.

Augusto: Era um processo diário, quase de aulas expositivas – frases, revistas, livros, slides. Ela utilizava todos os recursos possíveis. Sem hierarquia e de forma constante.

Marcelo: Essa frase tem uma visão específica da arquitetura, dá a dimensão de por que é diferente das artes plásticas, por exemplo. Sim, é arte,

244

Escritório do Sesc Pompeia, 1980.
André Vainer, Francisco Antonio
Fagundes e Guilherme Dagli.

André Vainer, Lina, Marcelo e Guilherme Dagli.

Glaucia Amaral, (pessoa não identificada), Graziella Bo Valentinetti, Renato Requixa, diretor do Sesc-SP, e Lina.

Marcelo, Edmar de Almeida (ao lado de Marcelo) e frei Fúlvio Sabia (de óculos).

Missa no Sesc Pompeia, 1980.

e tem um compromisso social incrível. Quando Geoffrey Scott fala que é feita por outras mãos, manipulada por outras mãos, e outras mentes... isso é muito legal, porque se coloca a arquitetura como algo muito além de ser apenas arte: é arte, há técnica e tem uma responsabilidade civil, social. Você não pode se livrar dela, porque ela envolve muita gente.

*

Marta: Ao mesmo tempo que era generosa, no sentido de uma abertura para o outro, Lina era muito exigente?

Marcelo: Muito. O respeito com o outro não estava só na palavra, estava também no gesto, no modo de trabalhar. Tudo passava pelo modo de fazer arquitetura, cuja postura não termina no desenho, nem nos detalhes da construção. Para Lina, o espaço era o objetivo final. Espaço para a vida. Esse era o lance – não era um espaço vazio e lindo. Tanto que – e eu acho que o André já falou isso numa entrevista – é possível ver como os seus desenhos eram povoados de pessoas.

Marta: De pessoas, de cores, de notícias. O desenho dela é como uma pequena narrativa.

Marcelo: Exato, são histórias. Por exemplo, no projeto para o Palácio das Indústrias. Ela odiava aquela arquitetura, que conhecia tão bem da Itália, identificada como estilo Coppedè, em referência ao arquiteto Gino Coppedè, que fazia aqueles castelinhos. Ela odiava, mas dizia: "Vou ter de fazer um esforço para projetar. Vamos lá, criança gosta de castelinho. Então, vai ter, por exemplo, uma banda da Polícia Militar. Quando ela tocar, a criançada vai sair correndo atrás dela, porque criança gosta de banda...". E começou a sonhar com isso.

Marta: Ela imaginava a vida para poder projetar.

Marcelo: Exatamente! "Vamos iluminar como se estivesse pegando fogo, vermelho embaixo, azul e branco em cima, vai ficar parecendo uma fogueira, 'Ah, está pegando fogo no palácio'...". Era dessa realidade, desse sonho, dessa construção mental que vinha o projeto. Isso me marcou. É o meu jeito de pensar as coisas. Parece loucura, mas Lina fazia questão de frisar: "Somos rigorosos". O rigor não tem nada a ver com falta de liberdade. Você tem que ser livre e tem que ter rigor. Como na poesia. Isso é fundamental. Eu aprendi com ela, mas depois cheguei à conclusão de que gosto disso e assim faço o meu trabalho. Porque a poesia é síntese. Não tem sobra. Não tem bagaço. Se você pensa que, na arquitetura, o que fica é a sensação de viver o espaço, experimentar com o corpo, com todos os sentidos... É como se você estivesse vivendo num poema. Isso é rigor. E, talvez, seja o máximo de liberdade.

Marta: O Palácio das Indústrias é um projeto de Lina com você, André Vainer e Marcelo Suzuki?

Marcelo: Foi uma parceria. A gente recebia os pagamentos e ela dividia em quatro. Essa forma de parceria, dividindo responsabilidades e decisões, começou na Bahia e se consolidou no Palácio das Indústrias.

Marta: Quando começou o projeto?

Marcelo: Em 1989. Durou os quatro anos da gestão Luiza Erundina. Quando acabou o Sesc Pompeia, em 1986, engatamos imediatamente na Bahia. Para tocar o novo trabalho, montamos um escritório na Casa de Vidro. Nesse momento, o André saiu e entrou o Suzuki. O André voltou justamente no início do projeto do Palácio das Indústrias. Nessa época, Lina andava meio desanimada. Com a eleição da Erundina sopravam novos ventos, havia luz no horizonte, o Brasil de volta... Lina apoiava o Partido dos Trabalhadores (PT). Aproximamos, então, Lina e Clara Charf, viúva de Carlos Marighella, a qual ajudou muito. Ela acabara de chegar do exílio e estava trabalhando no gabinete da Erundina. Novamente, montamos um escritório dentro da obra, no Palácio das Indústrias.

Casa de Vidro,
São Paulo, 1990.
Marcelo Suzuki,
André Vainer,
Marcelo e Lina.

XIII Congresso Brasileiro de
Arquitetura e Urbanismo, 1991.
Prefeita Luiza Erundina e os arquitetos
Lucio Costa, Fábio Penteado, Lina e Marcelo.

Fábio Penteado, Marcelo, Paulo Mendes
da Rocha (ao fundo), Lina, Jorge Glusberg
e Zanine Caldas.

Marta: E no diálogo com toda a equipe, as coisas foram sendo decididas...

Marcelo: Dentro da própria obra. Esse projeto envolvia um grande trabalho de recuperação do edifício existente. A toda hora era preciso tirar uma medida, olhar de perto... Então, era bom estar ali dentro. O interessante é que esse projeto era de uma Lina supermadura. Quando fez o Sesc, ela já era uma arquiteta madura, mas no Palácio das Indústrias muitas das soluções encontradas já tinham sido testadas no Sesc, tinham sido postas à prova na Bahia. Tanto que a maior atenção que a gente deu para esse projeto, no sentido do prazer de projetar, foi à parte da arquitetura mais industrial: os galpõezinhos anexados ao palácio, arquitetura ferroviária, industrial...

Uma coisa legal do projeto é que quase todos os espaços do Palácio das Indústrias – inclusive o prédio, que parece um bolo de noiva inspirado no tal Coppedè – foram destinados ao uso público, abertos à visitação. Até o restaurante, uma cantina linda, que ocuparia o subsolo, tinha a possibilidade de receber o público externo, atender a região. Mas Lina sempre quis dar maior atenção ao prédio novo: "Ele é a Prefeitura; o prédio velho é o anexo histórico". Hoje está lá o Catavento, um museu muito visitado e que está sempre cheio de crianças e adolescentes. Talvez esse tenha sido um destino melhor do que seria como prefeitura.

Marta: Ah, ela inverteu!

Marcelo: Inverteu. Nos próprios desenhos a gente nomeava: "anexo histórico". De novo, essa brincadeira, ou essa verdade, de reverter a ideia do tempo. Lina colocou em prática a mesma estratégia de guerrilha adotada no Sesc, quando escrevíamos nas pranchas de desenho "centro de lazer", e não mais "centro cultural e desportivo".

Marta: É o último projeto dela?

Marcelo: Exato. Ela tinha muita resistência de lidar com o palácio em si mesmo. Era uma coisa velha, do século XIX, cópia de algo já mofado. Procurou, então, experimentar outras ideias. Lina tinha essas sacadas – precisas, sintéticas. No desenho que projetava a iluminação do palácio,

Lina, Marcelo e André em visita a Santos
em 1985 para conhecer o Casarão Branco
do Boqueirão, que abriga hoje a Pinacoteca
Benedito Calixto.

ela escreveu: "O nascimento da indústria foi o fogo, desde a Antiguidade". E pintou o palácio como se estivesse pegando fogo – começava vermelho, ia ficando amarelo, azul... Esse tipo de coisa que a gente não está acostumado a ver nas escolas de arquitetura. Como é que pode um croqui e uma frase terem essa importância? Ela tinha essa coisa de olhar com profundidade para todas as coisas.

Marta: Um modo muito potente de pensar o projeto.

*

Marcelo: Hoje, um dos pontos interessantes que vejo no trabalho de Lina – e que está presente no nosso trabalho, no Brasil Arquitetura –, é a possibilidade de fazer a crítica da arquitetura por meio do projeto. Claro, isso não é novidade, vem de longe, mas sinto vivamente que isso, talvez, seja um dos estímulos do projetar. O projeto fala, quer dizer alguma coisa para além de sua função imediata de criar espaços.

Marta: Em tempos tão retóricos, é relevante saber que na arquitetura não há palavra que seja tão eloquente quanto um traçado ou uma materialidade ali colocada como possibilidade.

Marcelo: Exatamente. Arquitetura é uma postura. E quando a gente olha para fora, para o mundo, para muita arquitetura sem sentido que se faz hoje, a gente pensa: "É isso mesmo". É preciso continuar nessa dureza, no bom sentido da palavra, nessa coisa intransigente. Aliás, essa é uma palavra que Lina usava muito, adorava dizer: "Sou intransigente, não 'transijo'". Não ultrapassava os limites do que ela acreditava.

Marta: A gente anda perdendo o melhor da Lina ao tentar fazê-la hegemônica. Porque não era hegemônica...

Marcelo: Nada hegemônica.

Marta: Nesse conjunto de textos em que descreve sua convivência com ela, você revela um compromisso afetivo e de enorme respeito, como quem luta para que não a transformem nessa coisa palatável.

Marcelo: Para preservar o incômodo.

Marta: Incômodo esse que foi a pimenta necessária para poder produzir em liberdade para o mundo, não é mesmo?

Marcelo: Exatamente.

Marta: Em "Minha experiência com Lina II", artigo de 2017, você comenta sobre essa cabeça explosiva, oscilando entre o profundo desencanto e o entusiasmo com a criação de um pequeno grande projeto.

Marcelo: Escrevi o artigo pensando que o ser humano Lina Bo Bardi é um pouco como todos nós. A gente vai pelo entusiasmo, acha que é coisa simples, mas quando olha o trabalho que dá para fazer, o quanto é difícil, o quanto você apanha, para que as coisas aconteçam... Até mesmo nos grandes projetos que passam uma ideia de que foi tudo lindo, fácil... Na verdade, é uma luta: "Não, isso aqui não pode, isso aqui não vamos fazer". Ou, pior, quando o trabalho é interrompido... Obras que ficaram paradas por vinte anos, sabe?

De repente, você se dá conta de que começou a acumular aquilo que Lina chamava de "coleção dos fracassos". Ela repetia: "Sempre fui jogada fora". Darcy Ribeiro também se via como um perdedor diante dos inúmeros trancos que tomou da vida. Por outro lado, ele dizia: "Nunca quis estar do lado dos vencedores". Penso que os fracassos do mundo são os que confirmam o que Lina costumava dizer, citando Marx: "É pelo pior que a história avança". Ou Lênin: "Um passo para trás, para depois dar dois à frente."

Marta: Essas reflexões são de uma geração que cresceu entre duas guerras mundiais.

Aniversário de um ano de João Ferraz, 1983.
Lina, Marcelo e Clara Charf.

Isa Grinspum Ferraz e Lina, 1983.

Show Plural, da cantora Gal Costa,
em São Paulo, 1990.
Marcelo, o poeta Waly Salomão e Lina.

Gal Costa e Lina.

Marcelo: Faz toda a diferença dizer: "Isso pode não dar certo, mas vamos fazer". Gera entusiasmo, seja pela convivência, pelo encontro com as pessoas, pela comida, pela bebida, por qualquer uma dessas coisas. Vamos fazer! E quando você menos espera, está funcionando! Eu imagino que ela tenha vivido essa sensação com o Sesc Pompeia. Quando olhava tudo funcionando com tamanho vigor, dizia: "Poxa, fizemos!". Quando falava do Sesc, do lado bom, dizia: "Aqui fizemos uma experiência socialista". Mas Lina também sofria com os fracassos. Ela fazia questão de dizer: "Fui jogada fora da Bahia em 1964; do Masp, em 1968...". Mesmo no dia a dia ela tinha essa postura. Quando a gente propunha: "Tem um concurso, vamos participar?", logo dizia: "Já vou avisando... é pra perder. Não é pra ficar frustrado depois, hein?". Havia uma dose alta de realidade. Mas a posição final era: "Então, vamos, né? Vamos em frente. Vamos lutar contra isso". Uma coisa bem parecida com o que acontece na vida. Aliás, o Lelé [João da Gama Filgueiras Lima] tem uma frase muito boa. Em 1986, fomos para a Bahia, e então começou essa espécie de casamento da Lina com o Lelé para fazer a ladeira da Misericórdia. O Lelé, às vezes, punha as mãos nos dois ombros da gente e ficava frente a frente. Eu perguntava: "Lelé, vamos conversar?". E ele, com as mãos nos meus ombros, respondia: "Não, vamos começar". Nunca vou me esquecer disso. No fundo, tudo era convivência e conversa.

Marta: Isso nos leva a outro projeto, a igreja do Espírito Santo do Cerrado, em Uberlândia, Minas Gerais, feita com pouquíssimos recursos. Lina parecia compreender que a questão financeira não faz digna uma arquitetura – tem a ver com uma outra condição, tem a ver com essas liberdades que o espaço ganha ao configurar determinadas possibilidades, em diálogo com o outro.

Marcelo: Você matou a charada. Talvez ela mostrasse que um dos papéis fundamentais do arquiteto é saber dignificar os espaços. Esse deveria ser o nosso foco. A tarefa máxima é construir o abrigo – abrigo no sentido pleno –, e tem que ser digno para a função para a qual ele vai servir. Lina tinha clareza sobre isso. É o que faz o espaço ser interessante, surpreendente, fascinante, quase mágico, seja numa igrejinha pobre

Lina e Edmar de Almeida (de chapéu) com a comunidade do bairro Jaraguá na obra da igreja do Espírito Santo do Cerrado, Uberlândia, MG, 1979.

Graziella Bo Valentinetti, Lina, Edmar de Almeida, o mestre de obras Alfredão, frei Fúlvio Sabia e Marcelo.

de Uberlândia, seja na capela Santa Maria dos Anjos, em Ibiúna. Esta última, quadradinha, uma caixinha de nada. Devia ter terra e jardim em cima, mas, como não havia dinheiro para fazer assim, colocamos telha e um matinho em volta. Como também não havia dinheiro para colocar telha na varanda, fizemos com palha; e como não havia como rebocar com cimento, rebocamos com barro. Ficou bonito, porque apareceram os blocos de concreto na transparência da argamassa, "fotografados". Curiosamente, ao entrar no espaço, você logo percebe algo diferente: tudo está ali. É a clareza das coisas. A honestidade dos materiais, das soluções, da posição das coisas... Isso transparece no projeto.

Marta: Lina é seiva, bastante rica e muito potente.

Marcelo: Sem dúvida. Num dos artigos do livro, menciono o momento no qual, no meu entender, a arquitetura começou a sair dos trilhos: movimento pós-moderno, na fase show, espetáculo, pirotecnia do *star system* Zaha Hadid, Frank Gehry, Peter Eisenman, Rem Koolhaas e tantos mais. Quando falo em sair dos trilhos, não é simplesmente do ponto de vista formal ou do ponto de vista da estrutura física e dos materiais. Ela sai dos trilhos nos objetivos mais importantes, se afasta de seu fundamento – que é a produção do abrigo humano, incluindo aí, além da casa, os objetos, as cidades, em diferentes escalas. Ao abandonar seu fundamento, a arquitetura começa a gerar sobras, produzir adereços, "bagaço". Não foi à toa que o movimento moderno combateu questões decorativas, dispensáveis, inúteis – até porque, quando o decorativo é para valer, não é ornamental no sentido pejorativo, é necessário.

Augusto: Lina enfatiza o despojamento, não empregava materiais propriamente nobres...

Marcelo: Por que ela foi pesquisar a questão do popular? Não foi por ser bonito ou estar na moda. Mas sim porque, diante da escassez, era preciso trabalhar com a essência das coisas. Onde não se perde a essência? É na casa popular, no objeto popular, porque tudo tem que funcionar com o menor custo possível, tem que ser feito com os meios mais precários, com o mínimo. É quase um ideário de vida. O mínimo deveria ser a base da humanidade. Uma medida do mundo. Se você pode fazer com pouco, por que fazer com muito? Não se trata de um elogio da miséria. É nesse fio da navalha que Lina transitava. Ela odiava quando afirmavam que fazia uma arquitetura *povera*. Ela discordava radicalmente: "Não, é outra coisa". Nesse sentido é que faz questão de frisar: "A casa do rico também pode ser pensada para atender às necessidades humanas com o mínimo".

Quando a Segunda Guerra acabou, ela realizou um trabalho de campo pela Itália, se não me engano por encomenda da revista *Domus*. Em companhia de Carlo Pagani e Federico Patellani, Lina fez um giro por diferentes regiões do país inventariando soluções encontradas por pessoas que viviam na precariedade, sob bombas e escassez de todo tipo – alimento, água, material de construção. Ela relatou, com grande frustração, que não encontrou nada de interessante. Contou, por exemplo, que no sul da Itália, com a entrada das tropas norte-americanas, chegou também todo o *american way of life*. Numa casa, por exemplo, as pessoas tinham recebido um vaso sanitário. Como aquilo não tinha nada a ver com a cultura delas, usaram para lavar azeitonas. Botaram uma redinha dentro e pronto! Genial! A crítica dela ia por aí, não adianta você chegar com um objeto incrível se as pessoas não sabem o que é aquilo. Ela viu que a Itália, de certa maneira, tinha ido para o brejo e ficou muito desiludida. Quando ela e o Bruno Zevi fizeram a *Revista A – Architettura della Vita*, e mostraram vários horrores, como pessoas mutiladas, de certa maneira isso gerou um desencanto com a Itália.

Anos depois, em 1958, quando foi trabalhar na Bahia, Lina encontrou o que havia procurado na Itália. É bonito, pois, no mundo da escassez e da pobreza com o qual ela deparou, encontrou soluções simples e geniais, como a latinha de óleo que virava fifó, inclusive utilizando o design da lata já como parte do objeto. A caneca de água com uma alça linda e que já está decorada... O máximo era a lâmpada, usada para botar óleo. A lâmpada que não acende mais carregava o combustível do fifó, do fio de luz.

Marta: É de uma inteligência incrível.

Obra da igreja do Espírito Santo do Cerrado, Uberlândia, MG, 1979. Marcelo, Lina, Edmar de Almeida e frei Fúlvio Sabia.

André Vainer e Lina na obra da igreja, com a comunidade do bairro.

XIII Congresso Brasileiro de Arquitetura e Urbanismo, 1991.
À frente, Graziella Bo Valentinetti, Lina, Marcelo e André
Vainer. Ao fundo, Waly Salomão e Marcelo Suzuki.

Almoço no restaurante Carlino, SP, 1991.
Em sentido horário: Guilherme Paoliello, Marcelo, Lina,
André Vainer, Graziella Bo Valentinetti, Eduardo Subirats,
Carmela, Waly Salomão e Ciro Pirondi.

Marcelo: Por isso houve essa ligação forte com a Bahia. Ao mesmo tempo, era um perigo, porque tudo isso foi transformado em objeto para decorar casa de madame – coisa que ela odiava. Ela queria que a produção de base popular, criada com recursos mínimos, fosse estudada – principalmente pelos arquitetos, designers e construtores – e incorporada pela indústria: "Olhem para isso, vejam como é genial!".

Augusto: Sem dúvida que há beleza, sabedoria, delicadeza. Mas penso que é importante relativizar tudo isso. Por exemplo, na construção da escada do Solar do Unhão, ela recorreu a um encaixe do carro de boi para equacionar uma questão concreta e dificílima.

Marcelo: Lina tinha o sonho – e escreveu alguma coisa nesse sentido, quando teve contato com Celso Furtado – de que a Superintendência do Desenvolvimento do Nordeste, a Sudene, podia tomar esse arcabouço da criatividade das culturas locais para, a partir daí, criar uma nova indústria brasileira. Era um sonho grandioso, incrível. E o Darcy Ribeiro, então ministro na Casa Civil do governo João Goulart, foi um dos poucos que percebeu isso. Lina não se fechou no mundo da arquitetura. Debatemos muito fortemente no Sesc quando fomos fazer os ateliês. A ideia do Sesc era ter ateliês de música, pintura, gravura, tapeçaria etc., espaços mais ligados às artes plásticas, e foi um embate superforte. Ela dizia: "Não, eu quero um ateliê onde o pessoal venha consertar radinho de pilha", "Quero que uma pessoa venha aqui para fazer qualquer coisa, inclusive coisas feias, que não têm nada a ver com o belo".

*

Marta: No texto de 1999, você comenta que durante todos esses anos o casal Lina e Bardi recebeu e reuniu na Casa de Vidro personalidades como Max Bill, John Cage, Roberto Rossellini, Glauber Rocha, a pretexto de almoço ou jantar...

Marcelo: Era um ponto de encontro e de conversa.

Marta: Pelo que você descreve, Lina não costumava receber sozinha, ela convidava outros amigos.

Marcelo: Ela sempre compunha um grupo. E a gente pôde participar desses grupos diversas vezes. Eu participei, a Isa participou, eles faziam essa mistura boa de pessoas de diferentes áreas... boas discussões. O almoço, a comida, a bebida eram fundamentais, mas eram momentos de discussão e provocação, de lado a lado. E a Lina não tinha medo de trazer o que ouviu da cozinheira dela, usava como grande argumento nas discussões. Lina era muito aberta e estava sempre alerta a tudo o que via e ouvia.

Marta: Isso é maravilhoso. Um interesse real pelas pessoas do entorno dela. Não só os intelectuais, mas toda gente.

Marcelo: Isso é muito legal. Os informantes dela podiam ser o Flávio Império; o Darcy Ribeiro; a Neusa, cozinheira da casa; o caseiro... Lina conseguia tornar essas conversas uma leitura da realidade brasileira mais ampla, mais geral... Inclusive porque um funcionário era da Paraíba, o outro, não sei de onde... Ela articulava todas essas reflexões. Fazia isso muito bem. No fim, trazia sempre a conversa para o Brasil. Qualquer que fosse o assunto, dizia: "mas esse país...". E ela conhecia a história do Brasil. Sempre colocava a conversa num nível muito bom, fazia uma leitura do país. Dizia que era superimportante conhecer nossa história recente para entender o que poderia vir a acontecer no futuro, que rumo tomar. A arquitetura dela também era assim, se alimentava dessa leitura aberta e múltipla da realidade. Não tem que ter tábula rasa, terreno limpo ou terraplanado para construir. É preciso fazer pelos meandros, pelos intestinos, pelos interiores, pelas entranhas.

Marta: Pelas frestas.

Marcelo: Principalmente pelas frestas. Penso que será cada vez mais assim. Isso é fazer arquitetura. Captar esse mundo e devolver em forma de projeto.

Encontro com amigos na Casa de Vidro, São Paulo, 1990. Em sentido horário, a partir da segunda pessoa, Fábio Malavoglia e Margarida Amaral (de costas), Lina, Victor Nosek, Isa Grinspum Ferraz, Chico Fanucci e Maria Cecília Cerroti, a Loira.

Margarida Amaral, Fioravante Mancini (de pé), Lina, Márcia Benevento, Victor Nosek, Isa Grinspum Ferraz e Chico Fanucci.

Beth Bento, Miguel Paladino, Victor Nosek, Lina, Maria Cecília Cerroti, a Loira, Chico Fanucci e Isa Grinspum Ferraz.

Marta: Como as inesquecíveis exposições de Lina no Sesc Pompeia?

Marcelo: Exato! Às vezes, você projeta só com cenário, outras com uma exposição, ou ainda com casa, tijolo, pedra, cimento...

Marta: E, se a realidade mudou, também interessa reconhecer e renovar os gestos. O carrossel que Lina propôs naquele desenho maravilhoso, naquela exposição *Mil brinquedos*, no Sesc Pompeia, evidenciava o modo de atuação dela. É um carrossel como qualquer carrossel que a gente está habituado a ver, sempre a mesma coisa, os mesmos cavalinhos... Aí ela aparecia com uma formiga, uma barata... É maravilhoso.

Marcelo: Lina tinha essa capacidade de recriar o que a gente já conhece. Do nada, ela tirava uma coisa do contexto, botava em outro contexto e essa troca acendia aquilo que pretendia nos mostrar. Assim falado, tudo é muito bonito, mas na hora de realizar é dificílimo. Ela sabia fazer isso. Fazia com a maior categoria. Era literalmente um choque: botar uma barata, uma coleção de borboletas do Butantã, com o cavalo *fake* total de escola de samba [risos], maior do que a escala de um cavalo, inclusive...

Marta: E sem fazer disso uma coisa folclórica. Afinal, as coisas conservam dentro de si a verdade da vida que elas provocam.

Marcelo: Exatamente! É superimportante aquele cavalão ao lado da coleção de insetos, de documentos científicos.

Marta: Nesse sentido, era alinhada com Pietro Maria Bardi. Numa entrevista, quando perguntado se o Masp era um museu de arte moderna, ele respondeu: "Não tem isso: arte é arte. Não pode ser moderna ou antiga".

Marcelo: Isso é muito legal. Arte é uma só.

Marta: Os dois tinham forte diálogo?

Casa de Vidro, São Paulo. Lina e Dulce Maia.

Antonio Soukef, Graziella Bo Valentinetti, Lina, Victzor Nosek, Miguel Paladino, Roberval Layus, Cacá Rosset e Chiquinho Brandão.

Lina, Roberto Pinho, Gilberto Gil e Marcelo. 1987.

Marcelo: Eles pensavam de forma muito parecida. O que realmente os aproximava era essa ousadia de romper barreiras. Eles encontraram muitas barreiras. Bardi lidava de um modo, ela de outro. Ela era mais reclusa, trilhava o próprio caminho como conseguia. Quando levava um golpe, não avançava. O Bardi sabia a arte da política, dirigia uma instituição poderosa. Ele tinha que se aliar aqui, fazer jogo político ali. Os modos de agir e atuar eram distintos. Mas tinham algo em comum – tanto é que ela mostrava os projetos para ele. Quando estávamos desenvolvendo um projeto e a gente chegava de manhã para trabalhar, o Bardi já tinha saído. Ele saía muito cedo, e ela nos dizia: "Mostrei para Pietro. Pietro gostou muito, disse que está bom". Respeitava o comentário dele. Para ela, era uma medida.

*

Pietro Maria Bardi e Lina, 1990.

NA PÁGINA AO LADO
Encontro com amigos na Casa de Vidro, São Paulo, 1990. Victor Nosek e Marcelo Suzuki (em pé), Beth Bento, Lina, Fioravante Mancini (ao fundo), Pietro Maria Bardi e Maria Cecília Cerroti, a Loira.

Pietro Maria Bardi e Lina.

Inauguração da Casa do Benin, Salvador, 1988.
Isa Grinspum Ferraz, Roberto Pinho, Pietro Maria Bardi,
Lina, Graziella Bo Valentinetti e Eugênia Gorini Esmeraldo.

Para Marcelo e André
L.

PODER JUDICIÁRIO
JUSTIÇA MILITAR
2.ª Auditoria da 2.ª C. J. M.
SÃO PAULO

Of. N.º 2.188/71   São Paulo, 1º de setembro 1971
                    Do Juiz Auditor
                    Ao Ilmo. Sr. Diretor do DOPS
                    N E S T A

Solicito providências de V.S. no sentido de
lvido a êste Juízo o Mandado de Prisão referente a -
 BO BARDI, filha de Enrico Bo e Grazia Giovanna, em
 de haver sido revogada sua prisão preventiva, ref. ao
/71.

Aproveito a oportunidade para reiterar a
testos da minha elevada estima e consideração

NELSON DA SILVA MACHADO GUIMARÃES
Juiz Auditor

GINAL NESTA DATA

Presente de Natal de Lina para
Marcelo e André Vainer: cópia
da revogação de seu mandado de
prisão preventiva, acompanhada
de imagens de Lênin e Che Guevara.

Marta: A Bahia foi uma experiência importante para Lina. E se desdobrou em projetos importantes, como o surpreendente projeto do Centro Histórico.

Marcelo: O projeto da Bahia é um projeto ousado. As obras e as intervenções que realizamos foram estrategicamente escolhidas. Tudo começou, em 1986, com um convite do Roberto Pinho. Ele era secretário extraordinário de Projetos Especiais do prefeito de Salvador, Mário Kertész. Anos antes, eles já haviam tentado levar a Lina para lá e não tinham conseguido. Dessa vez, rompidos com o carlismo, com Antônio Carlos Magalhães, pensaram: "Agora é a hora".

Mas a Lina não queria mais saber da Bahia: "A Bahia é uma gaveta fechada na minha vida. Eu já fiz a minha parte lá atrás, em 1963, o Museu do Unhão". Eu conto isso no artigo sobre a Casa do Benin. No fim do dia, quando voltamos para o Hotel da Bahia, ela estava revoltada com tudo o que tinha visto. Estavam presentes todos os jornalistas e os amigos dela de vinte anos atrás, também estavam Waly Salomão, Antonio Risério, Rogério Duarte... Estava formada ali uma roda para a coletiva. Lina começou assim: "O que eu vi hoje foi um terremoto voluntário. Foi o que aconteceu com a Bahia, vocês deixaram a Bahia cair..." Diante disso, ela aceitou o convite e começamos: "O que é que nós vamos fazer?". O prefeito também tinha acabado de convidar o Lelé, que estava lá, para fazer toda a parte de infraestrutura da cidade.

Marta: Era o tempo da Renurb, a Companhia de Renovação Urbana de Salvador, onde começou o projeto fundamental do Lelé?

Marcelo: Isso. O Lelé ia cuidar da periferia, das encostas, sistemas de transporte, drenagens e o Veículo Leve sobre Trilhos (VLT) projetado por ele. A Lina ficaria com o Centro Histórico expandido. No dia seguinte, a gente começou a definir quais seriam os projetos importantes. Fomos visitar o forte de São Pedro, e mais isso e aquilo. E, se você olhar para essa planta, são coisas estratégicas: o Terreiro de Jesus com o largo do Cruzeiro de São Francisco, a praça da Sé... para cada situação, existem algumas soluções. Quer dizer, havia algo que era pouco percebido: a ideia de *ocupação*. A gente montou um escritório no Pelourinho,

271

número 18, comandado pelo arquiteto Maurício Chagas, o Mulu, com arquitetos jovens e estagiários. Eu e o Suzuki ficamos indo e voltando todo esse tempo. Nós já tínhamos criado uma lógica de intervenção: "Essa casa, o que sobrou dela? Só a fachada? Não, só telhado". Para cada situação, um método de abordagem. A ladeira da Misericórdia era um exemplo dessa realidade diversa: casa quase inteira, casa pela metade, casa quase nada ou só um muro do século XVIII. E, de repente, você soma dois meios telhados e faz um inteiro... Havia um monte de variáveis que podiam ser aplicadas.

Marta: Estratégias de projeto que vão ter que ser convocadas a cada caso.

Marcelo: Os fundos de casas eram sempre os quintais dessas casas, lotes do século XVIII e XIX. A gente juntava, fazia um fundo de quadra, uma área comum. Então, ali era a área para as crianças brincarem com segurança, não estariam na rua, não haveria carro... E outra coisa, o verde fica sempre no fundo. Porque uma característica importante das cidades coloniais – como Salvador, que é portuguesa e colonial – é que, vistas do exterior, são "secas". Ouro Preto é uma cidade seca. Quando se anda na rua, vemos uma ou outra palmeira, mas se olhamos os quintais, eles são verdinhos, com frutas tropicais: tem goiaba, manga, pitanga. Faziam o pátio arborizado e colocavam a verdura no fundo, isso reforçava essa surpresa, que já existia na cidade colonial. Você entra por uma fachada cega – sempre uma casa colada na outra –, atravessa a casa e chega num lugar fresco, com sombra, fruta... A Casa do Benin foi um pouco isso – o restaurante com palmeiras, com água, fonte no fundo do lote... Foi um piloto.

A Casa do Benin tinha um vão pequeno, cinco a seis metros, e tinha acabado de ser reformada. Refizeram os pavimentos com lajes de concreto e pilares a um metro e meio da parede... O que se faz com isso? Não dá para chegar e falar: "Vou tirar". Seria uma coisa arrogante e até imprudente. Veio a Lina e matou essa charada [risos]. Não falou exatamente assim, mas algo próximo: "Vamos botar uma sainha nesse pilar". Nessa hora foi necessário apagar a presença daquele monstrengo de concreto, mas ficou a pontinha, em cima e embaixo, para todo mundo saber que ali havia uma coluna de concreto.

Salvador, Bahia, 1987. O arquiteto Mauricio Chagas e os engenheiros Guilherme Azevedo e Roberto Vitorino ao lado de Lina.

Lina com Celso Furtado, ministro da Cultura; Waldir Pires, governador da Bahia, e Mário Kertész, prefeito de Salvador. Apresentação do plano de recuperação para o Centro Histórico de Salvador, 1987.

Marcelo Suzuki (de costas), Marcelo Ferraz, Lina e Mário Kertész, prefeito de Salvador.

Casa do Benin, Salvador, 1988. Marcelo Suzuki, Marcelo Ferraz, Rina Angulo e dois representantes do Benin.

Lina, Rina Angulo e Marcelo Suzuki.

Pietro Maria Bardi e Lina.

A saia de palha de coqueiro, que começou verdinha, com o tempo ficou amarela...

Marta: Que era uma esteira.

Marcelo: E quem fazia isso? O homem que vendia chapéu na praia, no Pelourinho. Ele fazia aquele chapéu na sua frente. Pegava a palha do coqueiro, trançava e te dava o chapéu. Esse cara foi chamado e fez todas as roupas dos pilares.

Marta: A técnica que se convoca não é necessariamente uma técnica presente no vocabulário da arquitetura. É isso que chama a minha atenção na maneira como Lina trabalhava.

Marcelo: Ela foi ousada. Arriscou muito. Eu ouvi colegas arquitetos, professores da universidade, dizendo assim: "Agora os estudantes estão entusiasmados porque acham que fazer arquitetura é fazer um bloco de concreto e botar uma sainha de palha que fica tudo legal". Era uma referência clara a alguns projetos de Lina: "Isso não é arquitetura". Estavam meio que dizendo que ela estava folclorizando as coisas, ou reivindicando o lado crítico mais profundo àquela linhagem que vinha do clássico. Isso, na verdade, era uma incapacidade de compreensão.

Marta: Porque o que ela fazia era tudo, menos folclore.

Marcelo: Exatamente, Lina combateu isso a vida toda. Mas andava nesse fio da navalha: ser chamada de pós-moderna ou acusada de folclorizar. Nesse sentido, sempre foi corajosa.

Marta: Ela tinha muita clareza, não é? Porque em alguns textos ela fala dessa ideia.

Marcelo: Ela frisou isso em muitos memoriais. Mas as pessoas não conseguiam ver nem absorver. A ficha demora para cair. Agora virou o oposto: Lina está na moda. Tudo o que fez é automaticamente maravilhoso, indiscutível...

Marta: O interessante é que ela nunca mais voltou a revestir pilares com palha trançada. Não costumava repetir as soluções. Ou voltou?

Marcelo: Não, não voltou. Aconteceu naquele momento. E veja que isso já não está mais lá. Ficou velho, retiraram.

Marta: Teria que refazer, ficar verdinho de novo... [risos]

Marcelo: É óbvio, uma coisa simples, mas as pessoas não entendem. Acham, por isso, que não é importante – mas é superimportante. É tão importante quanto o que você quer dizer com a intervenção. Não é decorativo.

Marta: É estruturante para a apreensão do próprio espaço. Seria diferente ver o mesmo espaço só com os pilares de concreto. Com a saia de palha, a dureza e a nudez bruta do concreto adquirem uma textura, uma trama poética.

Marcelo: Percebo que existe – ainda hoje – uma coisa folclórica em torno da Lina. "Ah, ela fazia isso, vamos fazer também, vamos botar aqui". Não: cada lugar pede uma coisa. Eu me lembro da gente desenhando a escada da Casa do Benin. Precisava ter um apoio no meio, a escada era muito longa para ir de um piso para o outro. Ela falou: "Bota ali uma coisinha embaixo, uma coluninha, e para não ficar uma coluna só faz uma espécie de homenzinho segurando com os braços". Aí, ela desenhou. Esse desenho foi feito depois do projeto. É engraçado, ela também tinha isso. Muito marota. É um elemento anômalo, único. Ele está ali sozinho. Mas era o jeito da Lina projetar com liberdade.

Marta: Essa liberdade que ela encontrou na Bahia reaparece depois em outros projetos e lugares. A Bahia é uma inflexão na produção de Lina, reconhecida por ela. Foi vivida em dois momentos, nos anos 1960 e depois de 1980, quando você e Suzuki já estavam com ela.

Marcelo: Exato! Nós vivemos essa segunda Bahia.

Casa de Vidro,
São Paulo, 1987.
Pierre Verger e Lina.

Casa de Vidro, São Paulo, 1988.
Marcelo e Arlete Soares (ao fundo), Lina
e dois representantes do Benin (à frente).

Aniversário de Lina, Casa de Vidro, São Paulo, 1984.
Victor Nosek, Miguel Paladino, Glaucia Amaral,
Fábio Malavoglia (ao fundo), Lina, Edmar de Almeida,
Roberval Layus (ao fundo), Beth Bento e Glória Malavoglia.

Marta: Depois dessa fase com Lina, você e o Chico [Francisco Fanucci] voltaram muitas vezes para a Bahia, em razão de projetos distintos, mas que ainda guardam valores próximos àqueles. Por exemplo, o projeto para a Rocinha ou para o Terreiro de Oxumaré.

Marcelo: O branco do Museu Rodin, revestindo todo o casarão, como imaginado por Lina, no Palácio das Indústrias.

Marta: Parte desse imaginário está colocado, sem necessariamente estar num mesmo lugar. É como se, a cada caso, se dispusesse a olhar com atenção, e construir o que está por vir, como uma unidade dissonante. Eles não têm uma unidade consoante.

Marcelo: "Unidade dissonante", é boa essa. Aliás, a introdução da dissonância na arquitetura é superimportante, porque ela acontece na arquitetura muitas vezes por dados concretos da realidade, alheios ao raciocínio do projeto. Questões políticas, logísticas, técnicas, contingências que toda obra tem. A arquitetura não é desenho. O projeto é uma coisa, a obra final é outra. Ela sofre, de todos os lados, interferências boas e ruins – ou interferências, sem qualificá-las. Na arquitetura, a resposta a isso pode ser uma dissonância, sabe? E é legal que seja assim, porque a música já incorporou a dissonância há muito tempo [risos]. Por que a arquitetura não pode? Muitas vezes, a gente fica preso nessas coisas. Você fala: "Ah, eu tenho que resolver isso, tenho que esconder aquilo...". Não, talvez você tenha que "mostrar aquilo". São decisões de projeto que se apresentam como dissonâncias.

Nesses projetos da Bahia, nós, do Brasil Arquitetura, pós-Lina... Você vai ver, por exemplo, que no Museu Rodin temos diretrizes de projeto absolutamente diferentes do Terreiro de Oxumaré: a gente fez um edifício novo, compacto, sintético, poderíamos dizer assim, dentro de tudo que a gente aprendeu na FAU. É uma arquitetura racional, clara e objetiva, em contraste ao casarão do século XIX, começo do XX, o qual pintamos de branco e neutralizamos todos os elementos decorativos falsos. Então, isso está nas decisões de projeto; essas coisas todas estão "escritas" no que vai resultar – mesmo que um leigo não veja, ou que um arquiteto não leia. Um prédio de concreto ao lado de um casarão eclético, com um jardim que costura tudo. O jardim é superimportante, ele põe em relação cem anos de distância entre dois edifícios, com o pavimento em mosaico português, as plantas que já estavam lá, e as maravilhosas esculturas de Rodin.

No Oxumaré é outra história. Um terreno acidentado com ocupação muito variada. Aquela realidade é que foi dando as dicas do projeto. Tem uma escadaria importante que é reforçada como ideia de travessia: ela costura da rua de baixo até a rua de cima. O projeto é exatamente trabalhar com essas peculiaridades. Não é um enfrentamento, uma coisa contra a outra, opositiva. É ir descobrindo, juntos. Você vai lendo e descobrindo, lendo e descobrindo... E chega uma hora que o projeto já está ali. Em todos esses casos, o projeto deve ajudar a reinventar o patrimônio. Lina fazia isso muito bem.

Marta: É importante reconhecer – prefiro falar assim – que isso tudo começa nos diálogos com a Lina, mas se desloca e se renova em gestos seus.

Marcelo: Lina continua a ser uma boa parceira. [risos]

Abertura da exposição *Caipiras, capiaus: Pau a pique*, Sesc Pompeia, São Paulo, 1984. Ivan Giannini, Estanislau da Silva Salles, Lina, Pietro Maria Bardi e Antonio José da Mota, o Nego Capitão.

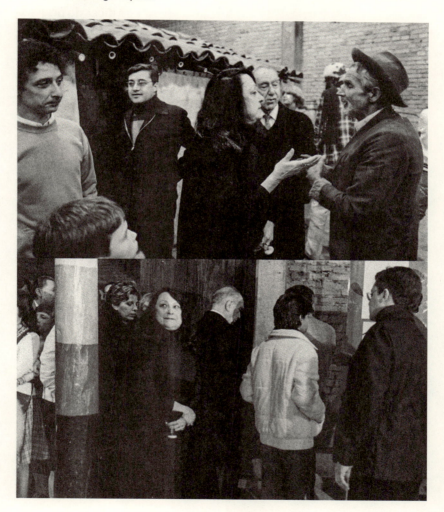

Casa de Vidro, São Paulo, 1988.

Fonte
dos
textos

MINHA EXPERIÊNCIA
COM LINA BO BARDI
AU – Arquitetura & Urbanismo, n. 40,
São Paulo, fev.-mar. 1992.

A POESIA VITAL DE LINA
Folha de S.Paulo, Mais!, 8 dez. 1996.

A CASA DE VIDRO
Casa de Vidro. Lisboa; São Paulo:
Editorial Blau; Instituto Lina Bo
e P. M. Bardi, 1999.

DEZ ANOS SEM LINA
Publicado originalmente como
"Nunca procurei a beleza, mas sim
a poesia". *O Estado de S. Paulo*,
Caderno 2, 17 mar. 2022.

UMA IDEIA DE MUSEU
Publicado originalmente como
"Masp, a arquitetura que SP
escolheu como símbolo". *O Estado
de S. Paulo*, Caderno 2, 2 jan. 2004.

LINA E A TROPICÁLIA
Projeto Design, n. 337,
São Paulo, mar. 2008.

NUMA VELHA FÁBRICA DE TAMBORES...
Vitruvius, São Paulo, abr. 2008.

OS ESPAÇOS DE LINA
Publicado originalmente como "Os
espaços expositivos de Lina Bardi".
Cadernos Sesc Videobrasil, n. 4.
Associação Cultural Videobrasil,
Edições Sesc-SP, vol. 4, 2008.

POLYTHEAMA: BREVE HISTÓRIA
DO PROJETO DE RECUPERAÇÃO
Teatro Polytheama de Jundiaí.
Prefeitura do Município
de Jundiaí, SP, 2011.

VINTE ANOS COM LINA
Publicado originalmente
como "Lina, obra poética
de uma humanista".
O Estado de S. Paulo,
Caderno 2, 29 abr. 2012.

ENCONTROS COM OSCAR NIEMEYER
Revista Brasileiros,
São Paulo, 6 dez. 2012.

ARQUITETURA ESCRITA
Publicado originalmente como
"Arquitetura de palavras: a escrita
livre e exata de Lina Bo Bardi"
Folha de S.Paulo, Ilustríssima,
3 mar. 2013.

ARQUITETURA DE GUERRILHA
Conferência realizada em
Montevidéu, 31 maio 2013.
Republicado em *Monolito*,
n. 33, Sesc-SP, 2016.

PEQUENO RELATO SOBRE
DUAS CADEIRINHAS
Vitruvius, São Paulo, dez. 2013.

LELÉ: ARQUITETURA,
INDÚSTRIA E POESIA
maio 2014.

LINA E O DESIGN
Arc Design, n. 78,
São Paulo, jun.-ago. 2014.

ARQUITETURA EXPOSITIVA DE LINA
Publicado no catálogo da
exposição *Maneiras de expor:
Arquitetura expositiva de
Lina Bo Bardi*. Curadoria
de Giancarlo Latorraca.
São Paulo: Museu da Casa
Brasileira, 2014.

LINA ENCONTRA OSCAR
Brasília Palace. São Paulo:
Editora Equador, 2015.

MASP: COREOGRAFIA EXPOSITIVA
mar. 2016.

DESENHO, PROJETO, ARQUITETURA…
Publicado originalmente como
"On Architectural Drawing: Lina Bo
Bardi and Beyond", *Drawing Matter.*
Londres, 9 mar. 2017. Republicado
em *Vitruvius*, set. 2017.

MINHA EXPERIÊNCIA COM LINA II
archtrends portobello, 28 set. 2017.
https://blog.archtrends.com

TECNOLOGIAS VERNÁCULAS:
O POPULAR E O MODERNO
NO SESC POMPEIA
Publicado originalmente
no catálogo da exposição
Lina Bo Bardi. Tupi or
not Tupi. Brasil 1946-1992.
Madri: Fundación Juan March, 2018.

TRINTA ANOS DO INSTITUTO BARDI
Publicado originalmente como
"Instituto de Lina e Pietro Bardi
completa 30 anos sem ter rumo,
afirma ex-diretor". *Folha de S.Paulo,*
Ilustríssima, 23 maio 2020.

CASA VALÉRIA CIRELL
Publicado originalmente
como "Clássicos da arquitetura:
Casa Valéria Cirell/ Lina Bo Bardi".
ArchDaily Brasil, 19 out. 2020.
https://www.archdaily.com.br

A CASA DO BENIN
Casa do Benin na Bahia:
Projetos, memórias e narrativas,
de Lucas Feres e Lucas Lago.
Salvador: Pinaúna, 2021.

LINA E O TEMPO
Calibán – Revista Latino-Americana
de Psicanálise, v. 20, n. 1,
Montevidéu, Uruguai, 2022.
https://calibanrlp.com
Republicado em *Vitruvius*,
mar. 2022.

ALDO ENCONTRA LINA
Lina por Aldo: Afinidades
no pensamento dos arquitetos
Lina Bo Bardi e Aldo van Eyck.
Orgs. Isabel Diegues e Jorn Konijn.
Rio de Janeiro: Editora Cobogó, 2024.

AO LADO DE LINA,
TRINTA ANOS DEPOIS
Publicado originalmente como
"Lina Bo Bardi, morta há 30 anos,
fez arquitetura comprometida
com a convivência e as pessoas".
Folha de S.Paulo, Ilustríssima,
19 mar. 2022.

RIO *REVISITED*
Inédito.

Crédito
das
imagens

CAPA E PÁGINAS 1, 5, 182-183, 252
Juan Esteves/ Alícia Esteves

PÁGINAS 2-3, 67
Sérgio Gicovate/ Acervo
Instituto Bardi

PÁGINAS 4, 273
Agliberto Lima

PÁGINAS 10-11, 226-227, 229
Cesar Diniz

PÁGINA 32
Bob Wolfenson

PÁGINAS 33, 267 (FOTO 2), 219,
278 (FOTO 2)
Vera Albuquerque/
Miguel Angel Paladino

PÁGINA 66
Joaquim Guedes/ Acervo
Marcelo Ferraz

PÁGINAS 155, 165, 166, 167, 179, 180,
181, 187-211, 214, 216, 219, 224, 228,
230, 235, 237, 238, 241 (FOTO 2), 243,
245, 246, 249, 255, 256, 258 (FOTO 2),
261, 262, 265, 267 (FOTO 1), 268, 269,
270, 277, 278 (FOTO 1), 300
Acervo Marcelo Ferraz

PÁGINAS 184, 221 (FOTO 1), 258 (FOTO 1)
Acervo Instituto Bardi

PÁGINA 221 (FOTO 2)
Mario Vassalo/ Acervo
Marcelo Ferraz

PÁGINA 241 (FOTO 1)
Olney Krüse/ Acervo
Instituto Bardi

PÁGINA 241 (FOTO 3)
Eduardo Simões

PÁGINA 250
José Moscardi Junior/
Moscardi Foto e Vídeo

PÁGINA 267 (FOTO 3)
Luiz Prado/ Folhapress

PÁGINA 274
Acervo Arlete Soares (AAS)

PÁGINA 281
Juvenal Pereira

PÁGINAS 282-283
Joveci de Freitas/ Acervo
Estadão Conteúdo

Legendas
das
imagens

PÁGINAS 1, 5
Visita a Santos, anos 1980.

PÁGINAS 2–3
Sesc Pompeia, 1986.

PÁGINA 4
Centro Histórico de Salvador, 1986.

PÁGINAS 10–11
Palestra na FAU-USP, 1989.

PÁGINAS 33, 184
Casa de Vidro, São Paulo.

PÁGINA 67
Sesc Pompeia, São Paulo.

PÁGINA 165
Anotação e desenho de Lina, 1984.

PÁGINA 166
Casamento de Isa Grispum
e Marcelo Ferraz, 1979.

PÁGINA 167
Aniversário de um ano de João
Ferraz, 1983.

PÁGINAS 179–181
Anotações na agenda de Lina,
26 abr. 1984.

PÁGINAS 182–183
Santos, anos 1980.

PÁGINA 189
Desenho de Lina, 1986.

PÁGINA 216
Exposição *Arquitetura e...*
no Salão Caramelo da FAU-USP,
São Paulo, 1989.

Índice
onomástico

Aalto, Alvar, **78, 81, 92, 107, 123, 145**

África Negra (exposição), **37, 147**

Aguirre, Iñigo Bujedo, **71**

Alberti, Leon Battista, **242, 244**

Alfredão (mestre de obras), **258**

Almeida, Edmar de, **30, 94, 246, 258, 261, 278**

Amaral, Glaucia, **30, 50, 246, 278**

Amaral, Margarida, **265**

Amaral, Tarsila do, **44**

Andrade, Maria Cristina de, **221**

Andrade, Mário de, **44**

Andrade, Oswald de, **44-45**

Andrade, Rodrigo Melo Franco de, **59**

Andreoli, Elisabetta, **157, 218**

Angulo, Rina, **274**

Araújo, Ana, **70**

Araújo, Emanoel, **56**

Architectural Association School of Architecture (AA), **70-71, 220**

Arquitetura – Transformação do espaço (documentário), **172**

Arquitetura e... (exposição), **158, 228**

Arraes, Violeta, **30, 228**

Artaud, Antonin, **61**

Artigas, Vilanova, **223**

Azevedo, Guilherme, **273**

Bahia no Ibirapuera (exposição), **100, 104**

Baraúna (marcenaria), **91, 92, 94, 145**

Bardi, Pietro Maria, **23, 29, 94, 109-110, 129-132, 152, 266-269, 274, 281**

Bardi's Bowl (cadeira), **107**

Barragán, Luis, **36, 51, 88**

Barroquinha, igreja da, **20**

Bauhaus, **30, 45, 171**

Benassi, André, **63-64, 221**

Benassi, Neide, **221**

Benevento, Márcia, **30, 265**

Bento, Beth, **30, 265, 268, 278**

Berlage, Hendrik Petrus, **160**

Beurs van Berlage, **160**

Bienal de Veneza, **169**

Bienal Internacional de Arte de São Paulo, **104**

Bill, Max, **30, 228, 263**

Botey, Josep Maria, **218**

Branco, Tales Castelo, **230**

Brandão, Chiquinho, **30, 267**

Brasil Arquitetura, **64, 74, 91, 114, 253, 279**

Brasília Palace, **107, 108**

Brennand, Francisco, **56**

Cage, John, **30, 41, 263**

cadeira na história, A (exposição), **56**

Caipiras, capiaus: Pau a pique (exposição), **18, 105, 123, 130, 281**

Calcanhotto, Adriana, **71**

Caldas, Zanine, **250**

Calder, Alexander, **30**

Capanema, Gustavo, **61**

capela Santa Maria dos Anjos (Ibiúna-SP), **36, 102, 259**

Carlo, Ualfrido Del, **225**

Carvalho, Luiz Otávio, **241**

Carvalho, Ucho, 237

Casa da Bahia (Brasil), 20

Casa de Cuba, 147

Casa de Portugal, 147

Casa de Vidro, 2, 29, 45, 93, 129, 133-136, 158, 162, 230, 248-249, 263, 267-268, 277-278, 282

Casa do Benin (Bahia), 20, 26, 60, 92, 96, 139, 141-147, 172, 269-276

Casa do Chame-Chame, 136

Casa do Olodum, 96, 141, 147

Casa Valéria Cirell, 2, 135-136

Caymmi, Dorival, 139

Celso, Zé, 19, 30

Centro Cultural de Belém (Lisboa), 26

Centro de Convivência de Cananeia, 94, 102, 172

Centro Georges Pompidou, 49

Centro Histórico de Salvador, 91, 102, 140, 143-144, 154, 171

Cerroti, Maria Cecília, 265, 268

Chagas, Mauricio, 273

Chagas, Maurício (Mulu), 272

Charf, Clara, 248, 255

Chateaubriand, Assis, 24

Chirico, Giorgio de, 44

Companhia de Renovação Urbana de Salvador (Renurb), 271

Companhia Industrial de Móveis (Cimo), 108

Congresso Internacional de Arquitetura Moderna (Ciam), 159

Conselho de Defesa do Patimônio Histórico, Arqueológico, Artístico e Turístico do Estado de São Paulo (Condephaat), 29

XIII Congresso Brasileiro de Arquitetura e Urbanismo, 250

Cooperativa de Camurupim, 28

Copan (edifício), 75

Coppedè, Gino, 247

Correa, Charles, 36

Costa, Gal, 256

Costa, Lucio, 23, 45, 59, 170, 250

Cozinha de Frankfurt, 31

Cruzeiro de São Francisco (largo do), 20

Curitiba, 74

Dagli, Guilherme, 245

Dalí, Salvador, 160

Degas, Edgar, 46, 58, 135

Desenho (revista), 232

Design no Brasil: História e realidade (exposição), 105

Deus e o Diabo na terra do sol (filme), 46

Dias D'Ávila (sobrado), 59

Dinamarquesa (poltrona), 108

Domus (revista), 29

Drummond, Marcelo, 30

Duarte, Rogério, 30, 46, 78, 140, 271

Ebert, Carlos, 228

Educação pelo trabalho (exposição), 56

Eichbauer, Hélio, **46, 78**

Eisenman, Peter, **259**

Erundina, Luiza, **21, 248, 250**

Escola de Design Industrial, **145**

Esmeraldo, Eugênia Gorini, **269**

Espírito Santo do Cerrado, igreja do (Uberlândia-MG), **19, 36, 94, 102, 154, 171, 257-258, 261**

Fábrica de Equipamentos Comunitários (Faec), **20**

Fábrica do Som (programa), **19**

Faculdade de Arquitetura da Universidade de Hong Kong, **149**

Faculdade de Arquitetura e Urbanismo (FAU-USP), **17-18, 104, 133, 158, 163, 223, 225, 228, 232, 240, 279**

Fagundes, Francisco Antonio, **241, 245**

Fanucci, Francisco (Chico), **64, 74, 91, 114, 237, 240, 265, 279**

Fehn, Sverre, **36**

Ferracota, Paulo, **237**

Ferraz, Isa Grinspum, **71, 217-218, 255, 265, 269**

Ferraz, João, **255**

Ferro, Sérgio, **18**

Fiori, Ernesto de, **31**

Formas naturais (exposição), **58**

Frei Egídio (cadeira), **60, 93, 94**

Freyre, Gilberto, **150**

Fundação Gregório de Mattos, **20**

Fundação Juan March, **220**

Fundação Pierre Verger, **20**

Furtado, Celso, **176, 221, 263, 273**

Gasperini, Gian Carlo, **236**

Gaudí, Antoni, **26, 31, 136**

Gehry, Frank, **259**

Gelomatic, Ibesa, **50, 84**

Gerchman, Rubens, **30, 130**

Gervaiseau, Henri, **228**

Giannini, Ivan, **281**

Gil, Gilberto, **20, 46, 78, 225, 267**

Girafa (cadeira), **71, 92, 94**

Glusberg, Jorge, **250**

Goeldi, Oswaldo, **56**

Gonçalves, Eros Martim, **19, 46**

Goulart, João, **263**

Gropius, Walter, **27, 61, 171**

Grupo Ornitorrinco, **30**

Guedes, Joaquim, **17, 158, 162, 236, 240**

Hadid, Zaha, **259**

Hennebique, François, **50, 124**

Holl, Steven, **38**

Ibirapuera (parque do), **75**

Ilê Axé Opô Afonjá (terreiro), **147**

Império, Flávio, **18, 30, 217, 264**

Instituto Bardi, **3, 129-133, 153, 157, 160-163, 172, 217**

Instituto de Arquitetos do Brasil (IAB), **234, 236**

Instituto de Estudos Brasileiros
da Universidade de São Paulo
(IEB-USP), 133

Instituto do Patrimônio Histórico e
Artístico Nacional (Iphan), 29, 59

Instituto Quadrante, *ver também*
Instituto Bardi, 129

Instituto Real de Arquitetos
Britânicos (Royal Institute of
British Architects – Riba), 157

Jobim, Antonio Carlos, 126

José, Fernando, 225

Jundiaí, 63

Katinsky, Julio Roberto, 104, 108

Kertész, Mário, 20, 91, 139, 271, 273

Koellreutter, Hans-Joachim, 45

Kollwitz, Käthe, 56

Koolhaas, Rem, 259

L'Architettura: Cronache e Storia
(revista), 108

Lang, Fritz, 52, 80

L'Architettura della Vita (revista), 260

Layus, Roberval, 267, 278

Le Corbusier, 23, 26, 31, 61, 77

Lefèvre, Rodrigo, 18

Lima Jr., Walter, 172

Lima, João da Gama Filgueiras
(Lelé), 20, 95-97, 142, 144, 152,
257, 271

Lima, Jorge da Cunha, 221

Lima, Vivaldo da Costa, 140

Lina and Gio: The Last Humanists
(exposição), 71

Lina Bo Bardi (documentário), 38,
44, 70, 81

Lina Bo Bardi (exposição), 149, 157

Lopez, Rémi, 37

Lye, Eric, 149

Magalhães, Antônio Carlos, 271

Maia, Carlito, 30

Maia, Dulce, 30, 267

Maiakóvski, Vladímir, 42, 110, 127

Maison de l'Architecture (Paris), 37

Malavoglia, Fábio, 30, 265, 278

Malavoglia, Glória, 278

Mancini, Fioravante, 265, 268

mão do povo brasileiro, A
(exposição), 37, 100, 104-105

Marighella, Carlos, 248

Martim Gonçalves, Eros, 19

Marx, Burle, 45, 56

Marx, Karl, 117

Masp, 2, 17-18, 25-29, 36-42, 55-57,
62, 78-79, 100, 105, 109, 118, 122,
129-132, 147, 151-154, 162-164,
170-171, 218, 257, 266

Matta-Clark, Gordon, 50

Mauser, Irmãos (fábrica), *ver
também* Gelomatic Ibesa, 50

Meijia, Catalina, 71

Mello, Fernando Collor de, 40

Metrópolis (filme), 52, 80

Meurs, Paul, 160-161

Michiles, Aurélio, 71

*Mil brinquedos para a criança
brasileira* (exposição), 18,
105, 266

Milano, Carla, **30**

Milheiro, Ana Vaz, **133**

Minha Casa, Minha Vida, **97**

Misericórdia, ladeira da, **20, 55, 96, 141, 144, 154, 164, 257, 272**

Monge, Gaspard, **25, 112**

Moraes, Vinicius de, **45, 70**

Mota, Antonio José da (Nego Capitão), **130, 281**

Motta, Flávio, **232**

Museu de Arte de São Paulo, *ver* Masp

Museu de Arte Moderna da Bahia (MAM Bahia), **19, 46, 56-57, 60, 62, 91**

Museu de Arte Moderna de São Paulo (MAM), **104**

Museu de Arte Moderna (Museum of Modern Art – MoMa) (Nova York), **145**

Museu de Arte Popular (Salvador), **19, 46, 52, 57, 59, 78, 91, 100-101, 146**

Museu Oscar Niemeyer (Curitiba), **74**

Museu Rodin (Paris), **279**

Museum of Modern Art – MoMa, *ver* Museu de Arte Moderna

Mussolini, Benito, **23, 43**

Navas, Adolfo Montejo, **127**

Niemeyer, Oscar, **23, 45, 73, 74, 107-108, 170, 225, 230**

Nordeste (exposição), **46, 57, 100**

Nosek, Victor, **30, 228, 265, 267-268, 278**

Nunes, Noilton, **30**

Odilon (poltrona), **108**

Oliveira, José Aparecido de, **218**

Olodum, **20, 141, 147, 225**

Pagani, Carlo, **260**

Pagano, Carlo, **44**

Palácio da Alvorada, **108**

Palácio das Indústrias, **171, 247, 248, 251, 279**

Paladino, Miguel, **30, 265, 267, 278**

Pampulha, **23, 74**

Panorama Fábrica da Pompeia (documentário), **126, 153, 154**

Paoliello, Bel, **237**

Paoliello, Guilherme, **237, 262**

Patellani, Federico, **260**

Pau Bra (marcenaria), **91**

Pau Brasil (fábrica de móveis), **145**

Pavilhão da Bienal, **75**

Pelourinho (Salvador), **20, 141, 143, 145, 271, 275**

Penteado, Fábio, **250**

Pereira, Eduardo, **221**

Pereira, Miguel Alves, **225**

Perriand, Charlotte, **30**

Perrotta-Bosch, Francesco, **169**

Pessoa, Fernando, **147**

Piano, Renzo, **219**

Picasso, Pablo, **42, 104**

Pinacoteca Benedito Calixto, **252**

Pinho, Roberto, **20, 30, 91-92, 139-140, 267, 269, 271**

Pires, Waldir, **273**

Pirondi, Ciro, **262**

Piscator, Erwin, 61, 171

Ponti, Gio, 30, 43, 71, 79, 113

Portinari, Candido, 45

Prefeitura de São Paulo, 25, 94

Rede Sarah (de hospitais), 97

Requixa, Renato, 30, 50, 246

Ribeiro, Darcy, 114, 254, 263-264

Ribeiro, Gustavo, 218

Ribeiro, Léo Gilson, 30

Rio (cadeira), 108

Risério, Antonio, 140, 271

Risselada, Max, 80, 160-161

Rocha, Glauber, 19, 30, 46, 78, 263

Rocha, Paulo Mendes da, 236, 250

Rochlitz, Roberto, 30

Rodin, Auguste, 280

Rodrigues, Adelaide, 228

Rodrigues, Sérgio, 108

Rohe, Ludwig Mies van der, 26, 30

Roman, Tâmara, 240

Rossellini, Roberto, 30, 44, 263

Rosset, Cacá, 30, 267

Royal Institute of British Architects
– Riba (Instituto Real de
Arquitetos Britânicos), 157

Rubio, Adelino, 94

Rudzka, Yanka, 46

Saarinen, Eero, 107

Sabia, Fúlvio (frei), 246, 258, 261

Sales, José, 240

Sales, Nemésio, 140

Salles, Estanislau da Silva, 281

Salomão, Waly, 20, 30, 127, 140, 256,
262, 271

Sanatório de Paimio, 92

Sanovicz, Abrahão, 104, 223, 225, 240

Santos, Agnaldo Manoel dos, 56

Santos, Edgard, 19, 45

São Joaquim (feira), 58

São Pedro (forte), 141

Scarpa, Carlo, 79, 233

Scharlach, Cecília, 230

Schütte-Lihotzky, Margarete, 31

Scott, Geoffrey, 244, 247

Sé (praça) (Salvador), 20

Segunda Guerra Mundial, 35, 43,
71, 172

Serviço Social do Comércio (Sesc),
84, 105

Sesc Pompeia e Sesc Fábrica da
Pompeia, 3, 18, 19, 25-26, 30, 36,
49, 52-55, 59, 71, 78-79, 81, 83, 85-87,
91-92, 94, 102-103, 111, 118, 121-126,
130, 141, 151, 153-155, 162, 164,
169-171, 175, 223, 231, 234, 238-241,
244-248, 251, 257, 263, 266, 281

Sevilha, 82

Silva, Agostinho da, 46, 96, 119, 231

Siza, Álvaro, 113

Smithsons, Peter e Alice, 80

Soares, Arlete, 92, 140, 146, 278

Soares, Maria Luiza Lacerda, 137

Sobral, Newton, 140

Solar do Unhão, 18-20, 36, 46, 52,
57-61, 78-79, 91, 100, 103, 105,
118, 122, 146, 151-154, 163-164,
170, 263, 271

Sonsbeek (parque), 162

Soukef, Antonio, 221, 241, 267

Steinberg, Saul, 30

Studio de Arte Palma, 145

Subirats, Eduardo, 30, 37, 262

Superintendência do Desenvolvimento do Nordeste (Sudene), 263

Superleggera (cadeira), 71

Suzuki, Marcelo, 19, 64, 91, 94, 114, 118, 145, 164, 217, 223, 225, 230, 237, 240, 248-249, 262, 268, 272-274, 276

Tatarana, Riobaldo, 119

Team 10 (grupo), 158

Teatro Castro Alves, 57, 91

Teatro Gregório de Mattos, 59-62, 92-93, 141, 172

Teatro Municipal do Rio de Janeiro, 236

Teatro Polytheama, 63-65, 221

Teatro Total, 171

Tempos de grossura: O design no impasse (livro), 150

Terreiro de Jesus (praça), 20, 271

Terreiro de Oxumaré, 279

Tom Zé, 46

Torraccia (casa), 135-136

Tripé de Beira de Estrada (cadeira), 102

Universidade de Delft, 160

Universidade Estadual de Campinas (Unicamp), 134

Universidade Federal da Bahia (Ufba), 19, 45

Vainer, André, 18-19, 50, 63-64, 83, 87, 94, 118, 136, 176, 221, 223, 230, 234-237, 241, 244-249, 252, 261-262

Valentinetti, Graziella Bo, 230, 246, 258, 262, 267, 269

Veloso, Caetano, 46, 78, 164

Verger, Pierre, 30, 46, 60, 92, 146, 146-147, 277

Villa-Lobos, Heitor, 126

Vitorino, Roberto, 273

Vittorini, Elio, 44

Vivanco, Sandra, 218

VPRO (canal de TV), 163

Wagner, Richard, 170-171

Werneck, Paulo, 107

Wollner, Alexandre, 30

Womb Chair (cadeira), 107

Wright, Frank Lloyd, 26, 41, 107, 136

van Eyck, Aldo, 30, 36, 42, 158-164

van Eyck, Hannie, 161

Velvet and Silk (café), 26

Xavier, Alberto, 108

Zalszupin, Jorge, 108

Zevi, Bruno, 44, 127, 136, 228

Zezinho (manutenção), 84

Pompéia- SESC Foto isto é 15/4/86
(Eisenstein!)

Agradeço às instituições e às pessoas que deram apoio ao processo de edição, assim como a quem gentilmente cedeu o direito de reprodução de algumas fotos: Instituto Bardi – Casa de Vidro, Sesc-SP, Sesc Pompeia, Bob Wolfenson, Bruna Portela, Edmar de Almeida, Edu Simões, Juan Esteves (*in memoriam*), Juliana Topazi, Victor Nosek, Weslley Santos Pontes.

Agradeço a Adriana Calcanhoto pelo texto de orelha. Lina também agradece.

Marcelo Ferraz

© 2025, Editora WMF Martins Fontes Ltda., São Paulo, para a presente edição.

Todos os direitos reservados. Este livro não pode ser reproduzido, no todo ou em parte, armazenado em sistemas eletrônicos recuperáveis nem transmitido por nenhuma forma ou meio eletrônico, mecânico ou outros, sem a prévia autorização por escrito do editor.

1ª edição 2025

Design
Casa Rex

Foto da capa
Visita a Santos, anos 1980.
Juan Esteves/ Alícia Esteves

Acompanhamento editorial
Cristina Yamazaki

Preparação de textos
Fabiana Camargo Pellegrini

Revisões
Pedro P. Silva
Marina Saraiva

Produção gráfica
Geraldo Alves

Índice onomástico
Julio Haddad

Dados Internacionais de Catalogação na Publicação (CIP)
(Câmara Brasileira do Livro, SP, Brasil)

Ferraz, Marcelo
    Ao lado de Lina Bo Bardi / Marcelo Ferraz. -- São Paulo : Editora WMF Martins Fontes, 2025.

    ISBN 978-85-469-0719-9

    1. Arquitetas - Brasil - Biografia 2. Bardi, Lina Bo, 1914-1992 3. Histórias de vidas 4. Mulheres arquitetas I. Título.

25-254717   CDD-720.92

Índices para catálogo sistemático:
1. Arquitetas : Vida e obra 720.92
Aline Graziele Benitez - Bibliotecária - CRB-1/3129

Todos os direitos desta edição reservados à
Editora WMF Martins Fontes Ltda.
Rua Prof. Laerte Ramos de Carvalho, 133 01325-030 São Paulo SP Brasil
Tel. (11) 3293-8150
e-mail: info@wmfmartinsfontes.com.br http://www.wmfmartinsfontes.com.br

Este livro foi composto pelas famílias tipográficas Utopia
e Object e impresso pela gráfica Vox, em papel Avena 90 g/m²,
para a Editora WMF Martins Fontes, em março de 2025.